アクロス福岡文化誌4

福岡の祭り

アクロス福岡文化誌編纂委員会 編

海鳥社

豊前市・大富神社の感応楽（豊前市提供）

はじめに

アクロス福岡文化誌編纂委員会

先人たちが築いてきた文化遺産や風土――〝ふるさとの宝物〟を再発見し、後世に伝えていくことを目的に刊行してきた「アクロス福岡文化誌」シリーズも、通算四巻目となりました。

第四巻目は「祭り」というテーマで、県内に伝わる伝統的な祭り、民俗芸能の由来や見所を紹介しています。日本の風土を特徴づける四季の流れはもちろん、旧暦に基づいて行われる祭り・行事が多いことも考慮して「新年」「春」「夏」「秋」と章分けし、最後の「百花繚乱」の章は民俗芸能を中心にまとめています。その枠組みの中で、同じ種類の祭りをまとめて紹介し、比較や分類も行っています。これは、その祭りが持つ本来の意味や特徴をより際立たせ、祭りの背景にある各地域のつながりや文化圏までがうかがえるようなものにするためです。

執筆は様々なかたちで地域の祭りや民俗芸能に関わっている方々にお願いし、各地の実情を踏まえた内容となっています。また、各地の公共機関や多くの方々から写真・資料をご提供いただきました。関係各位のお力添えに心よりお礼申し上げます。

福岡県内には、本書で取り上げた以外にも、たくさんの貴重な祭り、民俗芸能が存在し、それぞれ個別の魅力を持っています。また、残念ながら諸事情により消えてしまった祭りがある一方で、一度は廃れながらも地域の人々の熱意により再興された祭りや、より盛大になり地域振興の一翼を担っている祭りも多くあります。

祭りには、地域を一瞬で賑やかな空間に変え、人々を晴れやかな気持ちにさせる不思議な力があります。また「五穀豊穣」「無病息災」「家内安全」など、豊かな恵みや幸せをもたらす祖霊に祈り、感謝を捧げてきた先人たちの思いが脈々と受け継がれています。祭りはまさに、自然やふるさと、祖先や神仏を敬う日本の心を映し出す〝鏡〟、地域文化の象徴なのです。本書が、そのような日本の心や地域文化を後世に伝える一助となることを願っています。

写真：宗像大社の秋季大祭・みあれ祭（木下陽一氏撮影）

目次 Contents

総説

福岡県の祭りと民俗芸能

森　弘子
福岡県文化財保護審議会専門委員

祭りの本義

村の鎮守の神様の
今日はめでたい御祭日《おまつりび》
どんどんひゃらら　どんひゃらら
どんどんひゃらら　どんひゃらら
朝から聞こえる笛太鼓

「祭り」と聞けば自然に頭に流れるこのメロディー。笛や太鼓や鉦《かね》の音であったり、「わっしょい、わっしょい」と威勢のよい掛け声であったり、きらびやかな装飾であったり。まさに「ハレ」の日、私たちの気分を高揚させ、晴れやかな気持ちにさせてくれる不思議な力を秘めている。

今日では、けしけし祭り、市民祭り、港祭り、さくら祭り、民陶祭りなど、記念日や産業などのイベント的なものまで含めて「祭り」と称されるが、本来「祭り」は、眼に見えない神霊が顕《あらわ》れるのをマツ（待つ）こと、出現した神霊にマツラフ（奉仕する）ことで、神霊の意に従い服従する意味であるとされ、神霊を招き迎え、供物や歌舞を捧げて歓待・饗応して神霊を慰撫し、祈願したりまた感謝の意を捧げたりする儀式をいうのである。

祭りは、奉仕する者の物忌《ものい》み・精《しょう》進《じん》・潔斎《けっさい》など、身を慎み清浄にすることから始まり、祭場を清浄にして神聖な時空間に神霊を迎え、供物を捧げ、祈願・感謝の儀礼を行い、やがて異様な服装や化粧・仮面で変身して日常を離脱し、歌舞音曲で集団的高揚の世界——祝祭的空間——神人和楽《しんじんわらく》の境地へと導かれる。そして最後に、神霊を送

大川市・風浪宮の裸ん行（大川市提供）。邪気退散と書かれた大団扇や松明を持ち，風浪宮までの約3キロを駆ける。大祭前夜，川や風呂で禊ぎを済ませ，男は締め込み姿，女は髪すき流し，手鏡を持って神社に参拝し，厄除けを願う習わしに由来するという

り再び日常に戻るというプロセスを持つのである。

　民俗芸能などで構成される祝祭的な部分は、それぞれの祭りを特徴づけるものであり、本書において縷々述べられるところであるが、大川市・風浪宮《ふうろうぐう》の大祭の前夜に行われる「裸《はだか》ん行《ぎょう》」のように、精進・潔斎の部分が盛大に行われ、賑わいを見せるものもある。

　冒頭の唱歌「村祭り」の二番に「年も豊年満作で　村は総出の大祭《おおまつり》」と歌われるように、祭りの本質は共同体の祈願にあり、かつて農業従事者が大半を占めた日本においては、春の種蒔き時に五穀豊穣を祈願する「年乞い」の祭りと、秋の収穫感謝の祭りが年間の大祭として村中総出で行われた。神が社殿を出て領《うしは》く地域を見巡る神幸や、宮座《みやざ》というかたちで行われるのである。

　年＝トシは稲の稔《みの》りであり、二季の大祭の他にも年間を通じて、稲の生育に合わせた様々な祭り行事が行われた。今日、そのすべてが行われている地域は日本国中でもわずかと思われるが、それでも、地域地域で特に大切にされてきた祭りは命脈を保ち、なかには、より盛大に行われるようになった人気の祭りも多々見られるのである。

ムラの祭り・マチの祭り

　正月には豊作をもたらすという「歳《とし》神《がみ》」を迎え、小正月には「来訪神」が来て祝福し、あるいはその年の吉凶を占う年占い、豊穣をシンボライズする儀礼として性的儀礼が行われたりもする。

　春の行事は「サオリ」という田の神迎えが中心で、卯月八日《うづきようか》の山入りなどとして行われる。夏には害虫駆除の「虫送り」、穂の出る頃には「田誉め」で豊作を予祝し、八朔《はっさく》を「たのみ節供」として豊作祈願をする。収穫感謝祭は十一月二十三日の新嘗祭《にいなめさい》に代表さ

6頁及び上の図は『筑前歳時図記』（国立公文書館蔵）より。6頁の図は「博多松囃子」，上の図は「村々田誉」。田誉めとは，田んぼに酒を注いだりしながら「よう出けた，よう出けた」と誉めたたえ，言葉通りになるよう願う予祝行事。本来は八朔の行事であるが，上図のように「虫封じ」として七夕に行う所もあった

れるが、早稲《わせ》の刈り取り時分の旧暦九月の「おくんち」、畑作も含めてすべての収穫あがりに霜月《しもつき》祭りとして行われる場合もある。

日本はまた島国でもある。海を生業《なりわい》の場とする漁業従事者や航海従事者は、主に年の初めにその年の豊漁や海上安全を祈る祭りを行う。船魂《ふなだま》祭りや恵比須祭り、玄界灘沿岸に広く行われる玉《たま》取祭《とりさい》などがそれである。

現在では少なくなったが、焼畑民は一年を周期とせず、数年単位の大きな循環の祭りで、大地の力の活性化を願う。狩猟や鉱工業に従事する、いわゆる非農民たちには「惟喬親王《これたかしんのう》」や「金《かな》屋子神《やこがみ》」など独特の神があり、その神に対する祭りを行うのである。

人口の密集した都市の祭りは、疫病の蔓延などに対することから夏に行われるものが多い。平安時代、悪い病気や災厄をもたらすのは、この世に怨みをもって亡くなった「御霊」の仕業だとして、鎮魂のための御霊会《ごりょうえ》が京都で催されるようになった。ことに祇園御霊会は「山」や「鉾《ほこ》」を繰り出す華やかなもので、全国にその影響を及ぼした。

祇園祭以外にも神幸行列などに様々な芸能が付随し賑わいを演出する。こうなると見物人が発生し、見る人（観客）と見られる人（祭りに従事する人）の分離が見られるようになり、祭りは見る目を意識してますます華やかに賑やかになっていった。祭りから祭礼への移行であり、一般にはそれが「祭り」そのものだと考えられるようになった。

今日では、都市に限らず農山村や海

辺においても、外からの見物人、あるいは祭りに従事しない住人が増加し、見る人、見られる人の分離は一層進み、過疎化などで廃れていく祭りがある一方、観光や地域振興の目的もあって、祭礼化に拍車がかかる傾向にもある。

祭りと暦

　祭りの行われる期日は、民間では月の満ち欠けや、季節の移ろい、作物の生育に合わせて決められていたと考えられる。月齢による一日と十五日を神を迎える日としたり、山の雪解けや湖の凍結、目立った植物の開花などによって季節をはかったり、農作物、とりわけ稲の生育に合わせて節目節目の祭りが行われた。また日本には、祖霊は盆と正月、春秋の彼岸《ひがん》に去来するという考え方があり、盆と正月、春秋の彼岸にも様々な行事が行われる。家の行事として行われることも多いが、共同体の祭りとして、正月には玉取祭、修正会《しゅじょうえ》など、盆には盆踊り、盆綱《ぼんつな》、盆押しなどが行われる。

　暦《こよみ》が日本に入ったのは六世紀中頃－七世紀初頭であり、『日本書紀』には、五月五日の薬猟《くすりがり》、正月七日の宴《うたげ》、十七日の射礼《じゃらい》、三月三日の曲水《きょくすい》の宴などが順次行われていったことが記され、『養老律令《ようろうりつりょう》』の「雑令《ぞうりょう》」には、正月一日・七日・十六日、三月三日、五月五日、七月七日、十一月大嘗日《おおなめのひ》を節日と定めている。

　この宮廷行事が時代の推移とともに民間に伝播していった。春日市小倉の「嫁ごの尻たたき」などは、『枕草子』にも見える、小正月に子宝の授かることを願って粥杖《かゆづえ》で女房の尻を叩いた宮中行事の民間への移行であろうか。

　また前記のような、いわば自然暦によって行われていた民間の祭りも、公の暦が流布するにしたがって祭日が定まっていった。

長崎街道の宿場町のとして栄えた木屋瀬（北九州市八幡西区）の盆踊り（木下陽一氏撮影）。地元では「宿場踊り」と呼ばれている

[旧暦にもとづく主要年中行事]

季	月（旧暦）	節気	雑節	田仕事	農耕儀礼	祭り・行事
春	1月	立春 雨水	大正月 小正月 節分 立春 七日正月 二十日正月	正月田打ち 麦の中耕	もぐら打ち ほだれ菜 成木責め 作試し 山の神のおせち	歳神迎え・玉せせり 松ばやし・粥占 修正会・トヘトヘ 百手・獅子舞 恵比須祭り・初庚申
	2月	啓蟄 春分	太郎正月 初丑 初午 初亥 春彼岸 社日	麦の追肥 苗代準備 種浸し おろしごえ	田の神迎え 春亥の子 種かし祭り	粥占・松会・お田植祭り 神幸祭・涅槃会 社日籠もり・彼岸籠もり 千人詣り
	3月	清明 穀雨	上巳の節供	苗代種蒔き	麦誉め節供 底上げ	金比羅詣り 春籠もり・三夜待・雛祭り
夏	4月	立夏 小満	八十八夜 卯月八日	麦刈り 本田つくり	苗代籠もり・水口祭 虫除け・サオリ	灌仏会・十六詣り 水神祭
	5月	芒種 夏至	端午の節供 入梅 半夏生	田植え 田植えじまい	田誉め 山の神のおせち 水神棚・さなぶり	牛馬祭・水神祭（七瀬祭り） 三夜待・皆作籠もり
	6月	小暑 大暑	水の朔日 土用 夏越し	田の草取り 一番草 二番草		水神祭・牛馬祭 祇園祭・山笠 夏越し祭り・茅の輪
秋	7月	立秋 処暑	七夕節供 盂蘭盆	三番草 四番草 ひえ取り	虫送り・七夕洗い 七夕芋・田誉め	盆踊り・盆綱・閻魔詣り 観音様のお籠もり 地蔵盆・流灌頂 よど祭り・虫追い
	8月	白露 秋分	八朔 二百十日 仲秋 社日 秋彼岸	とめ草 穂出し 水落とし	田誉め・作だのみ 風止め祈願 芋名月 風止め祈願成就	八朔・サゲモン 水神祭・彼岸籠もり 社日籠もり・神幸祭
	9月	寒露 霜降	重陽の節供	早稲収穫 稲刈り	早稲初穂・栗名月 おくんち・神送り	氏神祭・お日待ち 三夜待ち・神幸祭
冬	10月	立冬 小雪	お十夜 初亥	脱穀・調整 田すき 麦蒔き	鎌上げ・底上げ 亥の子餅・亥の子突き 神迎え	お日待ち・誓文晴
	11月	大雪 冬至	初丑	寒肥え 麦の中耕 土寄せ	田の神送り	七五三・霜月祭り ふいご祭り・御正忌 火除け・甲子祭・大師講
	12月	小寒 大寒	川渡り朔日 大祓	追肥・麦踏み 土入れ	川渡り・なたなげ	山の神祭り・恵比須祭り

古来使用された、いわゆる「旧暦」は太陰暦を基本とし、二十四節気などの太陽暦の季節変化の要素をとり入れた「太陰太陽暦」である。太陰暦は月の周期を基準として一カ月を二十九日または三十日、一年を十二カ月とするため、一年の日数が太陽暦より約十一日少ない。そのため十九年に七回、閏月《うるうづき》をおいて季節のずれを調整している。

民間では長くこの暦に合わせた農事暦によって生活が営まれ、祭事暦もそれによっていた。明治五（一八七二）年十二月三日を六年一月一日として太陽暦（新暦）が採用されたが、このことは日常生活に様々な不都合や混乱を生じさせ、違和感を持って迎えられ、民間への新暦の定着はかなりの年数を要している。

祭り・行事についていえば、役所や学校の関係から、正月行事などは比較的早く旧暦の祭日をそのまま新暦に移行したが、旧暦と新暦とではおよそ一カ月の季節のずれがあるため、雛《ひな》や端午《たんご》の節供、盆行事、八朔の節供、おくんちなど、一月遅れの新暦で行われるようになったものが多い。なお和布刈《めかり》神事など潮の干満が影響するもの、仲秋の名月など月齢が重要な要素である祭りは現在も旧暦のまま行われている。

福岡県の成り立ち

福岡県の祭りも、こうした全国的に行われる祭りと同様の意味を持って、それぞれの季節に行われることを基本としながらも、福岡県としての特質を持ちながらバラエティーに富んだ展開を見せている。

福岡県は、明治九（一八七六）年、筑前・筑後・豊前の一部が合併して誕生した。江戸時代、若干変遷はあるが、筑前は福岡藩と支藩の秋月藩、筑後は久留米藩、柳川藩と支藩の三池藩、豊前は小倉藩と支藩の小倉新田《しんでん》藩に分かれ、それぞれに独自な政治・文化を展開した。

また、産業や文化、人々の生活に大きな影響を与えるのは自然条件である。旧三国から成り立つ福岡県は、玄界灘、有明海、周防《すおう》灘の三つの海に面し、筑紫山地、耳納《みのう》山地、筑肥山地、英彦山地などの山地が脊梁のように横たわり、それらの山地を水源として筑後川、遠賀川、山国川など多くの河川が流れ、福岡平野、筑豊平野、筑紫平野、豊前平野の四つの豊饒の土地をつくっている。

玄界灘は海外とこの地を結び、博多はかつて日本の唯一の門戸として海外の進んだ文物が水揚げされた港町である。周防灘は瀬戸内海を通して中央とつながり、干満の差が激しい有明海は、その泥の中にじっくりと文化を醸成させた。古来、福岡の地は文明のクロスロードであり、その祭り文化も多彩である。

八幡宮と天満宮

　祭りは多く神社を中心に行われるが、全国に広がる八幡宮と天満宮の発祥の地が、豊前と筑前にある。すなわち宇佐神宮（八幡宮）と太宰府天満宮（安楽寺天満宮）であり、この両社が九州を二分する荘園領主であった。かつ宗像三女神、志賀島《しかのしま》の綿津見《わたつみ》三神、住吉の筒男《つつのお》三神など、記紀神話で重要な位置を占める古来の神々が玄界灘沿岸に多く鎮座するのも、福岡県の祭りを豊かにしている大きな要因である。

　豊前は明治以後半分に分割され、宇佐神宮は現在大分県に位置するが、福岡県東部の京築《けいちく》・田川は旧豊前国であり、宇佐神宮を中心とする文化圏に属している。八幡宮最大の祭事「放生《ほうじょう》会《え》」は、養老四（七二〇）年の隼人《はやと》の乱平定後、隼人の霊の鎮魂のために始められたと伝えられ、田川郡香春《かわら》岳からとれる銅で鋳造した「宝鏡」を宇佐神宮に納めることが重要な要素であった。現在、香春三の岳の麓に鎮座する古宮《こみや》八幡神社の神幸祭にその名残を留めている。

　放生会に関わるものとしてもう一つ重要なものに、上毛《こうげ》郡、下毛《しもげ》郡から古表船《こひょうせん》を出して傀儡子《くぐつ》を舞わせた細男《くわしお》の舞《まい》・神相撲がある。現在、吉富町の八《はち》幡《まん》古表《こひょう》神社、大分県中津市の古要神社に伝承されるものが、人形劇の最古のものとして国の重要無形民俗文化財、人形が重要有形民俗文化財に指定されている。これらは韓国の民俗芸能との類似性が指摘されてもいる。

　傀儡子舞の細男は「クワシオ」というが、人が舞う細男は「セイノウ」という。非常に素朴な舞で日本芸能の原点ともいわれ、現在奈良県・春日大社の「おん祭」で舞われるものが著名である。かつて宇佐神宮の放生会では、八月一日から最終日の十五日まで、毎

吉富町・八幡古表神社の神相撲（福岡県立アジア文化交流センター提供）。4年に一度の放生会で，木彫りの操り人形による細男舞と神相撲が奉納される。日本最古の人形操りと考えられている

夜「細男舞」が舞われた。この時歌われた、神歌「ていでい」と同様の神歌が八幡古表神社の「細男舞」でも歌われる。

細男舞は、『八幡愚童訓《はちまんぐどうくん》』など神功《じんぐう》皇后の半島出兵の物語で、楫取《かじと》りとすべく海底から呼び出された安曇礒良《あずみのいそら》（志賀明神）が舞った舞と伝え、顔に覆面を垂れ、白装束、胸前に鞨鼓《かっこ》を持って舞うのが特徴である。志賀海神社の神幸祭でもこの舞が奉納され、この時礒良を呼び出すために舞ったという

『志賀海神社縁起絵』（部分。14世紀。志賀海神社蔵，福岡市博物館提供）。中央の部分に八乙女の舞，その右側に安曇礒良が描かれている

現在，志賀海神社で奉納されている鞨鼓の舞（福岡県立アジア文化交流センター提供）。水先案内のために海底から呼び出された礒良が舞ったと伝えられる舞。覆面は，貝殻や海草などが付いた顔を隠すためという

「八乙女《やおとめ》の舞」も舞われる。また筑前系の岩戸神楽には「礒良（羅）」「異国降伏」という曲目が含まれる。

放生会は八幡宮の伝播とともに全国に広がった「仏神事」であったが、明治以後、仏教儀礼が取り除かれ、「仲秋祭」となった。しかし、福岡県においては、庶民が慣れ親しんだ「放生会」の名で広く行われ、様々な民俗芸能も付随して地域を代表する祭りとして盛大に行われている。

太宰府天満宮は、配所の地・太宰府で亡くなった菅原道真の菩提寺「安楽寺」として創建された。その荘園は筑前・筑後・肥前・肥後を中心に広がり、したがって各地に荘園鎮守神として祀られた天満宮（天神社）がある。また、もともと「天ツ神」として祀られていた「天神」が菅原道真と習合した場合も多く、農耕神としても信仰された。まさに「村の鎮守の神様」なのである。

春先に山の神を迎え田の神とし、収穫の後に山へお帰しするという習俗は日本全国に見られるが、この地方では二月初丑《はつうし》の日に「山の神迎え」、十一月初丑の日に「山の神送り」が「ウシドン」として行われた。「田の神様（天神様）は牛に乗ってござっしゃる」のである。その地域が安楽寺領あるいは天満宮（天神社）分布地と重なることから、牛をお使いの動物とする天神信仰との関連が考えられ、また一般に「ドンド焼き」といわれる小正月の火祭りを、一月七日早朝、子供が中心となって「ホウゲンギョウ」「ホンゲンギョウ」「ホッケンギョウ」として行うのは「法華の行」であり、かつて天台の宮寺《みやてら》であった安楽寺（天満宮）の影響ではないかと考えられている。

一月七日の「鬼すべ」は、正月に国家安泰などを祈る法会「修正会」の満願に行われた「鬼おこない」の名残である。神仏分離の際、寺院として存続した国東《くにさき》半島の寺々では、「修正鬼《しゅじょうおに》会《え》」として古い姿をよく伝え、国の重要無形民俗文化財に指定されているが、福岡県においてはいくつかの同義の祭りがある中、久留米市・大善寺玉垂宮《だいぜんじたまたれぐう》の「鬼夜《おによ》」が比較的古体を伝え、かつ盛大に行われることから国の指定を受

柳川市橋本町のほんげんぎょう（柳川市提供）

上：久留米市・大善寺玉垂宮の鬼夜（福岡県立アジア文化交流センター提供）
左２点：太宰府天満宮（左）と久留米市・北野天満神社の木うそ（福岡市博物館提供）。「うそ替え」は，この木うそを互いに交換し合う行事。鷽と嘘をかけて，1年の嘘を誠と取り替えるという

けている。

太宰府天満宮で鬼すべと同日に行われる「うそ替え」は、朴《ほお》の木で作った民芸品「木うそ」を替え合い、一年についた嘘を天神様の誠に替えていただくのだという。江戸初期の万治年間（一六五八―六一）にはすでに盛んに行われていた様が『百人一首一夕話《ひゃくにんいっしゅひとよがたり》』の記事に見られる。神職が出した十二個の金鷽《きんうそ》に当たった者は、その年の幸運を得られるともいう。全国に広く見られる「換物《かえもの》神事」の一つであるが、換物が天神様の使鳥「鷽《うそ》」を象《かたど》ったものとされるところに特徴がある。

木うその形状は御幣《ごへい》の古い形「ケズリカケ」が形を整えたものであり、国東の修正鬼会における重要な法具「香《こう》水棒《ずいぼう》」、あるいは小正月の神仏への供え物のケズリカケ、『源氏物語』にも見える、正月卯《う》の日に邪気を祓うために贈答した「卯杖《うづえ》」などとの関連性が考えられる。太宰府天満宮から江戸に

上：『英彦山大権現松会之図』（部分。江戸時代後期。松浦史料博物館蔵）。平戸松浦家第34代当主の清（静山）が模写させたもの。山伏が柱松に登り，頂上で幣串を刀で切り落とす「幣切り」が描かれている

左：英彦山神宮の御田祭（長谷川富恵氏撮影）。現在，柱松上での幣切りは行われていないが，田を耕す所作や田植えに見立てた所作（写真）を行い，五穀豊穣を祈願する

勧請された亀戸天神社の「うそ替え」は江戸名物として名高いが、福岡県下でも、糸島市の老松宮《おいまつぐう》、久留米市の北野天満神社、福岡市博多区の住吉神社などで行われている。

修験の祭り

豊前地方は英彦山《ひこさん》、求菩提山《くぼてさん》などを中心とする修験道の影響が色濃く残る地域である。春先に行われる松会《まつえ》は、斎庭《ゆにわ》に神の依代《よりしろ》である柱松を立て神事を行うもので、英彦山霊仙寺《れいせんじ》を中心に、豊前六峰と呼ばれていた山のうち求菩提山護国寺、蔵持山宝船寺、普智山《ふちさん》等《と》覚寺《かくじ》、松尾山《まつのおさん》医王寺、檜原山《ひばるさん》正平寺で年中諸祭の中心をなしていた。『彦山大権現松会祭礼絵巻』によると、柱松起こし、神幸行列、流鏑馬《やぶさめ》に続いて、御田祭《おんたさい》の馬杷《まぐわ》（田すき）、田打ち、種蒔き、田植えの所作が行われ、ついで孕《はら》み女《おんな》による神前御供、獅子舞、長刀

豊前市・山内神楽の湯立神楽（豊前市提供）

・鉞《まさかり》・金棒の演技、楽打《がくう》ち、ささら、延年舞《えんねんまい》、風流《ふりゅう》、早具足《はやぐそく》などの芸能・競技が行われ、柱松の上での幣切《へいき》り、柱松倒しで終わるものであった。

その年の豊作を山の神仏に祈る里人と山伏が交流する、地域を越えた盛大な祭りだったが、明治初年の神仏分離、修験道廃止によって昔日の面影を失った。現在神職や氏子が祭りの担い手となり各山に断片的に残存し、柱松上での幣切りが唯一残る等覚寺の松会が国指定を受けている。

修験の影響は神楽《かぐら》にも見られる。豊前岩戸神楽三十三番は出雲系神楽・伊勢系神楽・太《だい》神楽が混交しているといわれるが、重要曲目である「湯立《ゆだて》」は通常の湯立と異なり、三メートルほどの高い五徳に湯釜をかけ「人形《ひとがた》の祓《はらえ》」や「火渡り」が行われ、猿田彦《さるたひこ》が斎鉾《ゆぼこ》といわれる一〇メートルほどの高さの竹竿に登って幣切りを行うという、他に例を見ない特色ある神楽である。

都会へのあこがれ ―― 祇園祭

祇園祭は都市の祭礼の代表的なものである。むろん京都の祇園社（八坂神社）に発し、祇園社の伝播とともに全国に広がった。華やかな装飾で飾った丈の高い山や大きな山車《だし》、雅《みやび》な囃子《はやし》は人々の耳目を惹き、経済力のある地域であれば、祇園社がなくとも「〇〇祇園」「〇〇山笠」と称し、大きな山や山車を繰り出して盛大に行われるようになった。

福岡県においては国指定の博多祇園山笠、戸畑祇園大山笠が代表的な祇園行事であるが、舁《か》くものや競走するもの、囃子にのせてゆっくり進むもの、曳《ひ》くものなど、祭りのあり方や、山の形や装飾などは地域地域の特色がある。博多祇園山笠を中心とする筑前系の人形山、筑後の旧柳川・三池藩領内の大蛇山、行橋市元永の須佐神社（今井の祇園さん）を中心とする豊前系の幟山《のぼりやま》・屋台山に大別されるが、宇島祇園など豊前市の海岸沿いに見られる祇園祭は、山車（踊り車）や船車など中津祇園を真似たものとされる。豊前市・八《はち》屋《や》祇園では踊り車・山鉾・船車（大船）のほか、高い岩山に人形を飾った人形山も見られ、様々な要素がとり入れられている様がうかがえる。

県下一の都会・博多の影響は山笠ばかりではない。博多周辺や宿場町などに、八朔《はっさく》の贈答・笹飾り、節供の土人形の贈答、盆の人形飾り（いけどうろう）、祭礼における役職者の赤手拭い

博多祇園山笠（木下陽一氏撮影）

豊前市・八屋祇園の船車（大船）。奥には人形を飾り付けた山鉾や踊り車（車上で舞踊を演じる）も見える（豊前市提供）

の使用、町内ごとのデザインの長法被《ながはっぴ》・提灯、屋台を曳くどんたく囃子などに博多と同じ習俗が見られ、軽妙洒脱で風刺の効いた「博多にわか」も周辺地域に濃密に分布している。こうした現象を「ハカタウツシ」という。都会のものがカッコ良く見えるのは、今も昔も変わらない。こうした要素がどんどんとり入れられ、祭りが変容していく場合も多いのである。

久留米市・高良大社の高良山獅子舞（久留米市提供）

　久留米市・北野天満神社やみやま市瀬高《せたか》・廣田八幡宮などの神幸祭に供奉する大名行列の奴《やっこ》の所作も、「カッコ良いもの」としてとり入れられた一例といえよう。

旧国・藩における特色

　祭りに奉納される民俗芸能を見た場合、筑前の獅子舞、筑後の風流《ふりゅう》、豊前の楽打《がくう》ちというおおよその特色が見られる。

　獅子舞は、祓い獅子、伎楽系統の獅子舞、演劇・狂言的要素の獅子舞に大別される。祓いの獅子には、各戸を回る門祓えの獅子と、神幸祭に供奉し斎庭や行路の祓いなどをする獅子舞とがある。門祓えの代表的なものは伊勢太神楽の獅子であるが、福岡においても久留米市田主丸《たぬしまる》町の矢倉《やぐら》八幡宮の門祓えの獅子などがある。神幸祭の祓いは、朝倉市の蜷城《ひなしろ》の獅子舞、高良山獅子舞、田川市・位登《いとう》八幡神社の獅子舞などがあり、伎楽系獅子舞の代表的なものは飯塚市・大分《だいぶ》八幡宮の獅子舞である。なお福岡市西部、旧糸島郡には今宿《いまじゅく》青木《あおき》の獅子舞のように、演劇的要素が強く見られる獅子舞が伝承されている。門付（祝獅子）、郎八のひげそり、猿と獅子、獅子の餌拾い、郎八の獅子打ち、源丞《げんじょう》の餅搗き、鬼女、あやとりの八つの演目があり、農村の娯楽として楽しまれている。

　筑後地方一帯で行われる風流には、北野天満神社の稚児風流、筑後市・水田天満宮の稚児風流、星野村の風流・はんや舞、八女津媛《やめつひめ》神社の浮立《ふりゅう》、黒木町田代の風流、柳川市三橋町の今古賀《いまこが》風流、みやま市・廣田八幡宮のどんきゃんきゃん、柳川市の日子山《ひこさん》神社風流などがあり、主に秋の神幸祭に供奉し

筑後市・水田天満宮の稚児風流（福岡県立アジア文化交流センター提供）。毎年10月25日の神幸祭で，きらびやかな衣装に身を包んだ子供たちが，太鼓や鉦などによる囃子と踊りを奉納する

ている。

赭熊《しゃぐま》（植物や馬などの毛で作った被り物）を着けた中学生―青年の太鼓打ち（風流士）が太鼓を勇壮に叩き、周りで子供たちが掛け声とともに鉦や小太鼓（鼓）を打ち、笛方の演奏が入る所もある。北野・水田ではジンモジ（神持司）が、星野村・八女津媛では法衣を着たシンポチ（真法師・新発意）が全体を指揮する。中心の大太鼓は御幣を立て神体とされるが、御幣ばかりでなく地域によって様々な装飾をこらし、神功皇后や菅原道真にまつわる物語が付されている。北野の風流士はカッパの化身といわれ、道真を助けた河童三千坊の霊を慰めるための風流だといい、「巻龍《まくりゅう》」という演目では風流士が独特の動きを見せる。

北九州市から豊前地方にかけては、小倉藩が奨励したこともあり、小倉南区の道原楽《どうばるがく》・石田楽・沼楽《ぬまがく》、豊前市の山田の感応楽《かんのうがく》、行橋市の下検《しもけん》地楽《ちがく》、川崎町の杖楽など、数多くの楽打ちが様々な願意をもってなされる。その起源に雨乞いや牛馬安全が語られることが多いのも、始められた当時における農村の切実な願いを反映している。

正式な本楽は二十四人、半楽は十二人で構成されるが、福岡県下のものはほとんど半楽である。中心の太鼓を打つ者は、締太鼓を胸前に付け、背に御幣を背負い、多くはヘラ皮の腰蓑を着け、頭に赭熊を着ける。下検地楽や黒田楽（みやこ町）では頭に鶏《にわとり》の羽を着けることから「鶏楽」とも呼ばれる。太鼓は若者が打つ所と子供が打つ所があり、その他、調子をとる鉦叩きや団扇《うちわ》使い、笛などで楽を奏する者といった役割がある。

例外的に旧筑前では、嘉麻《かま》市山野の若八幡神社に奉納される「山野の楽」がある。寛元二（一二四四）年、宇佐神宮の分霊を勧請した際一緒に伝来したとも、農業に大切な牛が多く死んだ

嘉麻市・若八幡神社の山野の楽（嘉麻市提供）。頭に赭熊を被り，胸前に締太鼓をつけ，長さ2メートルほどの御幣を背負って楽を舞う。同様の楽打ちは旧豊前国地域に多数伝わっている

時、水神の祟りであるとして神霊を鎮めるため宇佐神宮に倣って楽打ちをするようになったとも伝えられている。笛と鉦に合わせて演舞する鎮魂の笛楽と、楽方が歌いながら演舞する祈願行事の歌楽とがあり、前行事・献饌《けんせん》・潔斎など諸事を含めて、県内の楽打ちの中で最も古例を伝えたものと考えられている。

祭りは地域文化の象徴

福岡県は才能豊かな文化人や人気芸能人を多く輩出している。それは、豊かな土地柄であり、多彩で多くの祭りが今日まで伝えられていることと無関係ではないだろう。

これまで述べてきた祭り以外にも、かつて武将たちも愛した「幸若舞《こうわかまい》」を全国で唯一伝えているみやま市瀬高の「大江の幸若舞」、釘や鎹《かすがい》を一本も使わず組み立てた三層構造の屋台で、囃子に合わせてからくり人形を操るという、当時としては最新の技術を駆使した「八女福島の灯籠人形」が貴重な芸能として、また村落組織や年齢階梯《かいてい》制という日本古来の社会のシステムをよく残している行事として春日市の「春日の婿押し」が国の重要無形民俗文化財に指定されている。

祭りは地域文化を象徴するものである。産業構造や社会構造が大きく変わる中、祭りにこめられた意義がもはや不必要なものとして祭り自体が衰退し、消滅しているものも多い。しかし、祭りは地域が一体となって斎行されるものであり、祭りを通じて子供たちは育まれ、地域の絆は強まるのである。祭りの盛んな所は地域が元気。現在、こうした観点から祭りは再認識され、地域文化振興策として大いに注目されてもいる。豊かな祭り文化がいきいきと息づいている福岡県の未来は、明るい光りに満ち満ちている。

福岡市東区・筥崎宮の玉せせり（高崎英明氏撮影）

新年
新春を寿ぐ

玉せせり

［たませせり］

玉の霊威で運を開く

玉を奪い合い、吉凶を占う

福岡市東区箱崎・筥崎宮の正月三日の祭礼である玉取祭《たまとりさい》は、玉せせりという名で広く知られる。「せせる」とは、繰り返し触れる、探り求める、弄《もてあそ》ぶといった意味で、下帯一つの競り子が木製の玉を争奪し合い、またその結果をもって一年の吉凶を占うとするところから、いわゆる押し合い祭り、裸祭りの典型として紹介されることも多い。その由来については、すでに江戸時代から諸説あって定かではないが、江戸中期以前には現行とほぼ同様の行事があったものと見られる。

箱崎の玉せせりは、一月三日午後一時の玉洗式で始まる。直径三〇センチ、重さ一一キロと、同二八センチ、八キロの陰陽二つの木玉を、絵馬殿前で藁《わら》のたわしを使って洗い清め、たっぷりの白絞油《しらしめゆ》を注ぎ紙で拭き上げる。これが終わると、玉は一の鳥居から二〇〇メートルほど離れた玉取恵比須神社へ運ばれる。そこで玉取祭の祭典が執り行われ、二つのうち陽の玉が社前に待ち構える子供に手渡される。玉に群がる子供たちは、大人に肩車されて玉を受け、高々とそれを掲げては次の者に渡していく。大人の待ち構える筥崎宮横交差点付近までのおよそ一五〇メートルを、子供がせせることになっている。

続く大人の玉せせりは、境内楼門中で待ち構える神職に誰が玉を納めるかが最大の関心事で、箱崎、馬出《まいだし》の青壮年が、ここでもまた肩車をしながら、周囲から浴びせ掛けられる水しぶきの中で激しく玉を奪い合う（本章扉写真参照）。玉に触れると幸運を授かり、また最後に玉を納めた競り子が浜方ならば豊漁、陸方《おかがた》ならば豊作に恵まれるという。

箱崎の玉せせりと同系の行事は、博多湾周辺をはじめとする福岡県玄界灘沿岸のごく限られた地域に分布する。そこには玉に接する人々の態度に、取り合おうとするものと運び回ろうとす

姪浜の玉せせり（福岡市博物館提供）。激しく競り合いながら，住吉神社まで約1キロの道のりを移動していく

るものの二つの形式があって、その組み合わせによって行事の性格はやや異なるものになっている。

姪浜《めいのはま》の玉せせり（福岡市西区姪の浜）は、筥崎宮と同じ一月三日午後一時に始まる。直径二五センチほどの木製の玉が住吉神社から漁港にある事代《ことしろ》神社へと運ばれ、そこで玉競祭《たませせりさい》の祭典と玉洗いが行われる。玉を受けた下帯姿の男たちは、まずそれを海に放り込み、それから住吉神社までの一キロほどの道のりを、辻々で幾度も激しく競り合いながら移動していく。神社に到着すると、拝殿前に設置された壇上へ玉を押し上げ、神前に奉納して玉せせりを終える。行事の過程は箱崎とよく似るが、子供は参加せず、また担い手の大部分が漁業者であるため、農と漁の対抗がなく、年の吉凶を占う勝負の感覚は薄い。

家々が玉をお迎えする

福間の玉せり（福津市西福間）は、一月三日午前十時から行われる。南区、緑区の青年が、直径三一センチ、重さ一一キロの木玉を抱え、港から約三キロ離れた宮地嶽《みやじだけ》神社に参拝し、漁港に戻って波打ち際で玉を競り合う。福間では区ごとに玉を所持していて、それ

福間の玉せり（福岡市博物館提供）。玄界灘の波打ち際で玉を競り合う

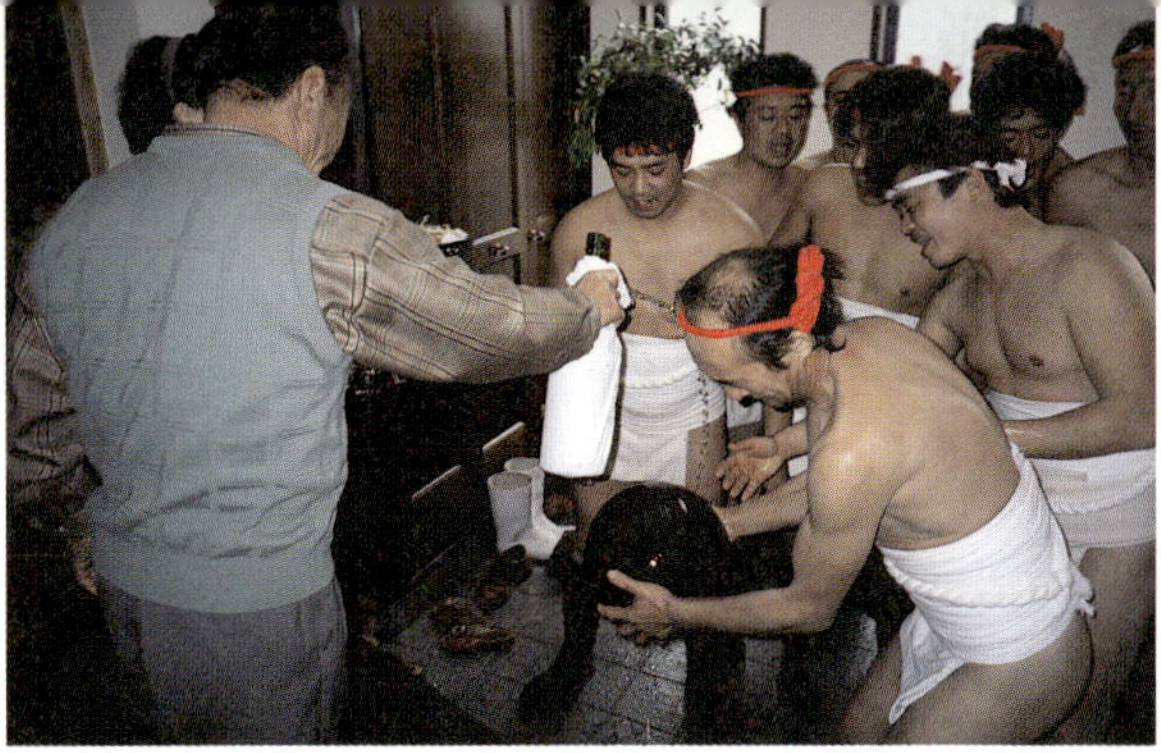

上：伊崎の玉せせり（福岡市中央区）。玉を担いで家々を回り，迎えた家では玉に神酒をかける
右：弘の玉やれ（福岡市東区）では，玉を神棚に捧げ拝む
左：今宿の玉せせり（福岡市西区）。赤褌姿の子供たちが，玉を抱えて町内の家々を回る（以上３点，福岡市博物館提供）

もまた同様に競る。これは奪い合うというより、皆で玉に触れて掲げ上げるように見える。玉せりが終わると区ごとに公民館に向かうが、その途中も辻々で玉を競って「祝いめでた」を歌う。玉せりは従来十一日の行事で、海岸で玉を競った後は、家々の荒神棚《こうじんだな》に玉を供えて回るものだったという。辻での玉せりは箱崎や姪浜に似るものの、行事全体としては家々に玉を運び回ろうとする動きが本来重視されていたことがうかがい知れる。

　これに似たものに伊崎の玉せせり（福岡市中央区福浜）がある。恵比須神社の十日恵比須の行事で、漁協組合員や子供たちが直径三五センチの木の玉を担いで福浜、伊崎、唐人町一帯の家々を回る。迎える家では、玉を受け取ると神棚に突き当てて神酒《みき》を注ぎかける。町を回り終えた一行は、玉を海に放り込み海中でしばらく競り合った後、再び恵比須神社に納め行事が終わる。かつては若者組と子供組に分かれ、二つの玉を競り合っていたという。

　子供が行事の主たる担い手である場合、玉を運び回る形式がとられることが多い。その一つ、弘《ひろ》の玉やれ（福岡市東区弘）は一月三日九時から行われる。締め込み姿の子供たちが浜に降りて水際の砂を取り、恵比須神社に納める。そうして玉を受けると、「玉やれ、玉やれ」と言いながら家々を回り始める。迎える方では、玉を受け取ると荒神（神棚）に捧げ拝むことになっている。

　町場でもこうした玉せせりは行われていて、今宿《いまじゅく》の玉せせり（福岡市西区今宿）は、一月三日の朝、二宮神社での祭典の後に赤い褌姿の子供たちが神社下の海岸で玉を洗い、「セーセッタ、セーセッタ」の掛け声とともに玉を持って町内の家々を回る。また、明治時代には廃絶したが、博多の町の多くには一月三日の玉せせりがあって、玉を

持った子供たちがお金や餅などをもらいながら町中を回っていたし、糟屋《かすや》郡宇美《うみ》町でも同様の行事が行われていたという。

海から現れる恵比須神

ここまで挙げた例の多くで、玉せせりの開始される場所が恵比須を祀る神社であり、また波打ち際であることは、玉に仮託された霊威が、新たな年に海から招き上げた恵比須神であることを示している。一月二日に行われる新宮の玉せり（糟屋郡新宮町新宮）で、子供や青年が海から砂（潮井《しおい》）を取って境内にある恵比須堂に入り、その砂を互いに掛け合った後、合図とともに参道に盛られた砂の中から石の玉を取り出し競り合うのは、そうした考え方をよく表している。

一月十日の脇之浦《わきのうら》の裸祭り（北九州市若松区小竹）では、男たちが海から石を抱え上げ恵比須神社に奉納するが、このように石を恵比須として祀る習俗は、福岡のみならず九州西岸に広く見られる。玉せせりは、そうした要素が玄界灘沿岸で独自の発達を遂げ、祭礼化した恵比須信仰の一つのかたちであるといえるだろう。

［松村利規］

新宮の玉せり（福岡市博物館提供）。海の砂（潮井）を境内に運び，それを掛け合った後に石の玉を競り合う

修正会【しゅじょうえ】

前年の罪を悔い改め、新年の吉祥を祈る

正月行事の原型

修正会といえば寺院の正月行事であり、年頭にあたって僧侶らが我々衆《しゅ》生《じょう》の犯した罪や過ちを各寺院の本尊仏に対して悔い改め、あわせて一年の五穀豊穣や無病息災を祈願する「悔過《けか》」が法会《ほうえ》の主題となっている。その本尊によって薬師悔過、観音悔過、阿弥陀悔過などと呼称は違うが、内容は類似しており、七日・十四日などを節目として、長い場合は一月にもわたって徹《てっ》修《しゅう》され、満行の日（結願《けちがん》）を迎える。

二月に行われる場合が修二会《しゅにえ》であり、奈良東大寺の修二会は俗に「お水取り」と呼ばれ、南都に春を告げる一二〇〇年もの伝統を持つ法会である。伽《が》藍《らん》に押しかける民衆にとって、行事の圧巻は二月堂外縁に次々と掲げられる大松明《おおたいまつ》と、その火の粉を浴びて無病息災を祈ることであるが、本堂の内陣（本尊が安置されている所）では練行《れんぎょう》衆《しゅう》による顕密《けんみつ》修法が満行を迎えるのである。

「顕密」とは顕教と密教のことで、法会全体は法華懴法《せんぼう》（法華経を読誦《どくじゅ》する）を中心とする顕教導師が担う部分と、密教咒師《しゅし》が率いる、諸天（インドの神々）や神祇（日本の神々）を降臨させる部分から構成されている。つまり、顕教と密教の融合であったと同時に、神と仏の習合の場でもあった。ここではまだ「鬼」は出現しないが、薬師寺など畿内では修正会・修二会にさらに鬼が加わる寺社も多い。

福岡県を含む北部九州の正月行事や祭りを見てみると、この顕密寺社で行われた修正会に関係すると思われるものが多い。まず「火」から見ていくと、筑前・筑後一帯で正月の七日、十四日などに村外れの田んぼや村の入口、また神社の境内などで盛大に火を焚く行事がある。全国的にはドンド焼き、あるいは左義長《さぎちょう》などと呼ばれるが、筑前・筑後では「ホンゲンギョウ」とか「ホーケンギョウ」「ホッケンギョウ」と称している。おそらく、法華経会、

大分県豊後高田市・天念寺の修正鬼会（2点とも清水健氏撮影）
上：法会の様子。正装した僧侶たちが読経を行っている
右：深夜，全身に縄を絡めた異様な姿の赤鬼・黒鬼が，松明を手に狭い堂内で乱舞する

あるいは法華行からの転訛《てんか》であろう。また地域によっては、七日の行事を「オーネビタキ」と称するが、これは「鬼火焚き」であって、七日は修正会における鬼出現の期日であることと関係するのかもしれない。いずれにしても、地域の中核的な寺社で行われた修正会の要素が民間に伝えられ民俗化したと思われる。

寺院に受け継がれる修正会

修正会を育んだ母胎は顕密寺社であった。しかしながら、神仏習合を旨とする顕密寺社は、明治初年の神仏分離とそれに続く廃仏毀釈のうねりの中で大打撃を蒙り、その基盤であった寺社形態は神社へと変質してしまう。その際寺院として位置づけられた所のみ修正会を存続できたのである。

かつては北部九州全域に分布していた顕密寺社の故郷の一つである豊後国《くに》

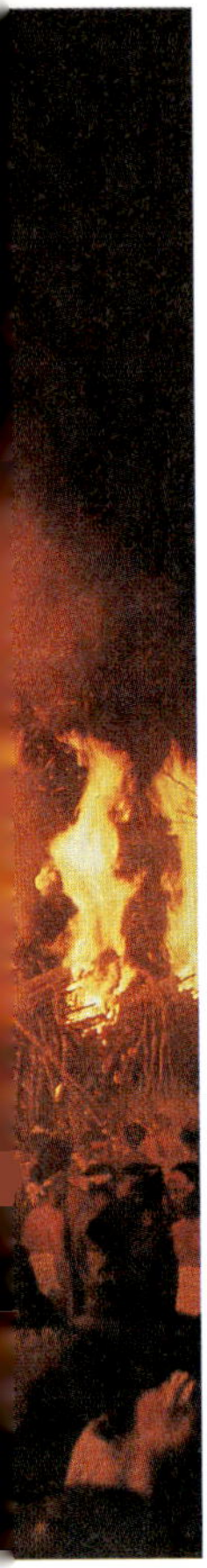

東《さき》の天念寺《てんねんじ》（大分県豊後高田市）の「修正鬼会《しゅじょうおにえ》」にその例を見てみたい。かつては六郷満山《ろくごうまんざん》と呼ばれた多数の寺社で行われた修正鬼会も、現在では、天台宗西組では天念寺が、東組では岩戸寺（国東市）と成仏寺（同市）が隔年で行っているに過ぎない。しかし期日は旧暦一月七日が守られている。

天念寺では昼過ぎから夕刻にかけて、まず法華懺法など顕教の法会が行われ、日没を境に法咒師、神分《じんぶん》など密教法会に移行する。場所は岩屋が覆い被さるような、六所権現と隣接する狭い講堂である。川中に不動明王の磨崖仏《まがいぶつ》が屹《きつ》立《りつ》する手前の渓谷で垢離《こり》をとった僧侶が鬼に扮して登場するのは深夜に近い。すでに何度も突き入れられた大松明によって堂内には煙が充満し、群集の熱気と読経の声の中に鬼は出現する。赤そして黒の全身を縄目で絡めた異様な形相で鬼は腰を屈《かが》め、咒師《しゅし》の真言に合わせて広げた両手で印契《いんけい》（手指で様々な形を作る）を結んでいく。その後、松明を手に狭い堂内を舞い巡る。赤鬼は愛染明王《あいぜんみょうおう》、黒鬼は不動明王とも、あるいは部落の人々の祖先だともいわれる。

祭りとして存続する修正会

寺院組織は崩壊したが、祭りとして存続するのが一月七日夜に行われる福岡県久留米市の大善寺《だいぜんじ》玉垂宮《たまたれぐう》の「鬼《おに》夜《よ》」である。漆黒の闇の中、境内に押しかけた大群衆が赤々と燃え上がる大松明や鉾面《ほこめん》神事（祭神が妖族退治をした様を演じる）に目を奪われている頃合に、鐘堂から乱声《らんじょう》（鐘・太鼓の乱打）が響き渡る。大松明は一基ずつ、本堂の背後に移動していく。本堂横の阿弥陀堂（鬼堂）は闇に閉ざされてしまうが、堂を取り囲む赫熊《しゃぐま》（棕櫚《しゅろ》で編んだ被り物）を被った子供たちが「鬼出ろ」と叫びながら、手にした竹棒で激しく壁面を叩く。やがて全身を赫熊で覆った鬼が出てくるが、子供や警護の青年が取り囲み、闇に紛れて姿は見えない。堂の周囲を七回半回った後、川の汐井場《しおいば》で垢離をとり、やがて本堂（神殿）へ帰っていく。

ここでは大松明の光に象徴される「陽」の世界と、闇に象徴される鬼の「陰」の世界の対比とその反転が見事である。本来、鬼会の原型が「追儺《ついな》」（疫鬼を追い払う行事）にあったとすれば、鬼の姿が見えない方が本義に近いとも考えられる。

これと大変よく似た形式で行われているのが、福岡県筑後市の熊野神社「鬼の修正会」である。現在は一月五日の夜に行われているが、古くは旧暦一月十日であった。またかつては熊野神社ではなく、それを包摂《ほうせつ》する坂東寺（本尊・薬師如来）の修正会であった

久留米市・大善寺玉垂宮の鬼夜（上は木下陽一氏撮影，左は著者撮影）。赤々と燃える大松明（上）が本堂裏に移動すると，暗闇の中，赫熊を被った子供たちが，本堂横の阿弥陀堂の壁を竹棒で激しく叩いて鬼を外に出す。鬼は子供らの警護方に守られながら堂の周囲を回った後，汐井場で身を清め，本堂に帰っていく

筑後市・熊野神社の鬼の修正会（筑後市提供）

が、明治の廃仏毀釈によって寺は廃絶した。

　午後十時、神殿や境内の火を一斉に消して暗闇にした上で、まず鬼追い神事が始まる。二十人ほどの鬼追い役が拝殿の床板を踏み鳴らして鬼を出し、鬼面を着けた鬼は外で待ち受ける鬼笹役に囲まれて、社殿を三周する。一方、神殿で切り出された火が元松明に移されると、熊野三神勧請に縁のある河原氏（もとは川原坊と呼ばれていた）が捧持し、行列を組んで進み、一斉に大松明に点火される。若者たちは刈又《かりまた》（樫の棒）で燃え盛る大松明を差し上げ順次、社殿を三周する。楼門の脇に籠もっていた鬼は棒を持った子供たちに守られながら本殿に帰るのである。

　さて、最後に太宰府天満宮の「鬼すべ」について述べておきたい。太宰府天満宮は近代に入ってからの名称であり、神仏分離以前は、安楽寺天満宮とも天満宮安楽寺とも称される神仏混淆の中核的な顕密寺社であった。その組織の中心は、祭神である道真の系譜に連なる五別当、道真の門弟・味酒安行に連なる三宮司、寺務局である三綱、衆徒《しゅと》の中核であった原八坊であり、さらにそこに諸役から成る大衆《だいしゅ》が加わって全体が構成されていた。明治以降、そのほとんどは還俗《げんぞく》し、また施設からも仏教的要素は消失してしまったが、修正会の結願行事は民衆が主役となることで存続した。それが鬼すべである。

一月七日、日が暮れると、「鬼じゃ鬼じゃ」の掛け声も勇ましく男たちが「鬼すべ堂」を目指して繰り出してくる。梅紋の法被《はっぴ》に命綱を巻き、頭には「鬼の角」という注連縄《しめなわ》をつけ（日光輪王寺《りんのうじ》では「毘沙門《びしゃもん》の金甲《きんこう》」と呼ぶ）、顔にはかまどの炭（荒神様）を塗る。大団扇《おおうちわ》や刈又を手にした鬼を攻める燻《すべ》手《て》と、松明や木槌（テン棒）を持った鬼警固《おにけご》に分かれる。午後九時に堂前に積まれた生松葉や藁山に点火されると、燻手は大団扇で煙や炎を堂内に送り込む。鬼警固は猛煙を逃そうとテン棒で板壁を叩き割る。攻防は頂点に達する。荒縄で四十八カ所を縛られた鬼は鬼係に囲まれながら堂内を七回半、堂外を三回半回り、豆や卯杖《うづえ》（魔除けの杖）で打たれるのである。この炎と煙による燻《いぶ》しは和歌山県新宮市神倉《かみくら》の「御燈《おとう》祭り」とも共通し、刈又は修験の採《さい》（柴）灯護摩《とうごま》（供物を火に投げ入れて祈願する）の法具でもある。

＊

「火」と「鬼」を中心に見てきたが、正月行事になぜ若者（青年男子）が駆り出されるのか、そしてなぜ、そうした若者が悪態をつく習俗が残存しているのか、ということも修正会との繋がりを暗示している。修正会とはおのれの罪業を吐き出し、降魔の炎によって焼却する行事であり、かつてその主体は顕密寺社の寺院大衆《たいしゅ》であったのである。

［白川琢磨］

太宰府天満宮の鬼すべ（高崎英明氏撮影）。鬼を追う役の燻手は，鬼を燻り出そうと堂内に煙を送り込む

恵比須祭り

［えびすまつり］

富と幸福をもたらす来訪神を祀る

海神から商売繁昌の神へ

日本人にとって身近な招運来福の神として毘沙門天《びしゃもんてん》・大黒天《だいこくてん》・弁財天《べんざいてん》・福《ふく》禄寿《ろうじゅ》・寿老人《じゅろうじん》・布袋《ほてい》・恵比須の七福神はよく知られている。特に風折烏帽子《かざおりえぼし》に狩衣《かりぎぬ》と指貫《さしぬき》姿、右手に釣り竿、左手に鯛を携えた恵比須は、その代表であろう。「恵比寿」「恵美須」「夷」「戎」「蛭子」「ゑびす」などの表記があり、ふくよかで愛らしい笑顔から「えべっさん」の愛称で親しまれている。

　信仰の起源は、海の向こうからやって来て富と幸福をもたらす来訪神（漂着神）で、鯨などの漂着物を「エビス」として祀ったことに由来する。これが転じて豊漁・豊作、商売繁昌の神となっていく。中世に入り各地で市《いち》が発達すると、商いの神（市神）、福の神（福神）として広く信仰を集め、兵庫・大阪を中心に、商業地や交通の要所である港町、宿場町へと全国的に広まった。

　福岡県は恵比須系統の神社、境内社の総計が全国有数で、各地の漁村、道筋で見られる恵比須の石像、恵比須石なども合わせると数限りなく、恵比須信仰の広さがうかがえる。

　一般に商人や庶民が恵比須様を祀り、神事を奉納するために組織した地域信仰の集団を恵比須講という。この恵比須講が中心となり、各地域で春と秋に祭りが行われてきた。現在、県内では十二月の三日・十日、一月の十日・二十日などが祭日とされ、一般に「三日恵比須」「十日恵比須」「二十日恵比須」などと呼ばれている。

　明治期以降、恵比須祭りは商店街の歳末大売り出しの催し物にも発展し、博多の誓文払《せいもんばら》いや飯塚商店街の永昌《えいしょう》会《かい》などにその影響が残る。また、かつて商人がお得意様に配付した引札《ひきふだ》（チラシ）や床の間に飾る掛け軸にも恵比須の図像が多く使用されている。

　通例、恵比須の祭りでは、注連縄《しめなわ》を飾り、ご神饌《しんせん》として御神酒《おみき》や紅白の餅、鯛をはじめとする新鮮な魚や野菜など

福岡市博多区・十日恵比須神社の正月大祭・十日恵比須（写真２点とも福岡市提供）
上：１月９日の午後，博多券番のきれいどころ（芸妓）が総勢で参拝する「徒歩（かち）詣り」。その艶やかな姿に，境内はぱっと華やぐ
右：福寄せ（熊手）。福引きでは，福寄せや福笹，福起こし（ダルマ，張子），福俵（米俵）など，必ず福が授かる仕組みになっている

の山海の幸を供える。儀式としては、一同で参拝祈願して、お祓い、神様のご加護を受けた後、祝宴を開き神人同食する「御座《おざ》」や「直会《なおらい》」、福引きによる縁起物の授与などが行われる。

深夜まで続く開運神事

県内でも特に賑わいを見せるのが、毎年一月八－十一日に開催される十日《とおか》恵比須《えびす》神社（福岡市博多区東公園）の大祭「十日恵比須」。社名は、香椎宮の社家・武内家が、筥崎宮へ参詣の帰途、海から恵比須像を拾い上げて祀ったことに由来するという。

祭りは一月八日の初えびすに始まり、九日の宵《よい》えびす、十日の本えびす（正大祭）、十一日の残りえびすと続き、市内の商業者を中心に多くの参拝者が訪れ、夜通し大いに賑わう。

祭りの中心は「開運御座《かいうんおざ》」の儀式で、九日朝から翌十日の深夜まで延々と開

奥村玉蘭『筑前名所図会』より若松浦の「福寿祭」（福岡市博物館蔵）。旧暦11月３日に行われた大祭の饗応の場面。町中総出で，訪れたお客様に年に一度の祝いのご馳走を振る舞う，賑やかな様子が窺える

運、商売繁昌、家内安全、無病息災などの御祈願がなされる。祭りのお楽しみは、その年の運試しである福引き。その際、境内では「大当たりー」「末広がりー」などと縁起の良い声が響き、参拝者の顔も思わずほころぶ。また、神社より商いの元手金（種銭）を借り、翌年は繁昌のお礼として倍にして返し、また新しく借りていく「えびす銭」という風習が残る。

各地に伝わる恵比須祭り

博多の総鎮守・櫛田《くしだ》神社（福岡市博多区上川端町）境内には、珍しい男女の恵比須様を祀った夫婦《めおと》恵比須神社がある。同社では十二月二日・三日に、夫婦円満や商売繁昌を祈願する「夫婦恵比須大祭」が行われる。この神事は、恵比須神社前で、漁師たちが魚を載せた神輿《みこし》を担いで豊漁に感謝したのが起源とされる。現在は、白装束姿の宮総

代や世話人たちが、鯛やアラを載せた神輿を担いで座敷を回る「魚みこし」が行われる。

福岡藩の年貢・石炭積出港として栄えた北九州市の若松にも恵比須祭りが残る。十二月初めに行われる恵比須神社の例大祭「冬のおえべっさん（若松えびす祭）」は、参道に多くの露店が並び、大いに賑わう。その際には、境内や家々の軒先に二尾の鯛が描かれた鯛提灯《たいちょうちん》を灯すのが習わしである。また、縁起物の鯛土鈴《たいどれい》（鯛の形の鈴）を「かえまっしょ、かえまっしょ」と言いながら交換する儀式が残る。

宿場町として栄えた木屋瀬《こやのせ》地区（北九州市八幡西区）では、大人の恵比須祭りと同時期に、子供たちが主役となる「子供えびす」が行われる。十二月の初め、須賀神社でお祓いを済ませた子供たちは、五色の幟や獅子頭などの神具を手に、太鼓や鉦の音に合わせて神輿とともに地域を練り歩く。また、十二歳（現在では満年齢十一歳）の男子が頭と呼ばれ、祝膳に着座する通過儀礼の意味もある。

木屋瀬と同様、交通の要衝であった太宰府や二日市も恵比須信仰の根強い地域である。太宰府天満宮周辺の門前町や旧二日市宿周辺では、それぞれの地区や町の境界となる辻々に恵比須の石像や御堂が多く見られ、毎年十二月の初めに恵比須祭りが行われる。

宿場町であった飯塚の商店街、夫婦恵比須で有名な筑後市羽犬塚《はいぬづか》・六所宮《ろくしょぐう》、久留米市・日吉神社などの十日恵比須では、参拝者へぜんざいが振る舞われ、めでたい雰囲気と相まって、心も体も温まる。

ここで挙げた以外にも、県内には多数の恵比須祭りがある。恵比須様は、その満面の笑みに象徴されるように、これからも人々の暮らしを温かく見守り、地域に幸福をもたらしてくれるであろう。

［竹川克幸］

太宰府市・小鳥居小路の恵比須様（福岡県立アジア文化交流センター提供）。太宰府天満宮周辺の旧宰府地区では，地元の恵比須様を含め，各地の恵比須様を7カ所拝んで回る「七所（ななとこ）詣り」という風習が残る

小正月行事

［こしょうがつぎょうじ］

古い祭事の姿を今に伝える

元来は小正月が正月の中心

唐制の朔旦《さくたん》正月が輸入される以前は、月の満ち欠けにより満月から満月までを一カ月と定める原始的な暦法によって生活が規制されていたと考えられる。小正月はそうした旧制の正月の名残で、満月を年の初めとする望《もち》の正月であった。朔旦正月が官によって励行されるようになっても、民間では長らく旧制の望の正月が続いていた。

　こうしたことから、小正月の前後には古くからの祭りが集中して行われる。バラエティーも豊かで、ここで述べるもの以外にも、粥占《かゆうら》やドンド焼き、もぐら打ちなどが行われている。

花婿花嫁を祝福する

小正月の前夜、一月十四日に春日市春日の春日神社とその周辺で「春日の婿押《むこお》し」が行われる。過去一年の間に結婚した花婿花嫁を祝福する行事であり、春日に住む氏子で構成される春日三期組合が行う。

　夜になり、境内の御池のそばに奇数段に組み上げられた左義長《さぎっちょ》が燃え上がると、宿では「宿の行事」が始まる。以前は花婿の家が宿となっていたが、現在は神社横の春日公民館で行われる。正面に座る三期組合長や区長などに向

神棚や床の間に飾られる餅花。柳などの木に丸めた餅を付けたもの。餅を稲穂に見立て豊作を祈願する

春日の婿押し（福岡県立アジア文化交流センター提供）。宿の行事や樽せり，拝殿揉みなどの一連の行事を総称して婿押しと呼ぶ。
上：樽せりの様子。樽の破片は縁起物になるため，樽が壊れるまで蹴り続ける
右：拝殿揉みの様子。花婿を中心に，おしくらまんじゅうのように揉み合う

かい、花婿の代表が口上を述べた後、花嫁が熨斗《のし》を差し出す。

その後、前酒を経て「婿と婿抱きの盃」が行われる。婿抱きとは花婿の介添えをする役割で、御謡一番を歌い終わると婿抱きが、二番が終わると花婿が、三番が終わると再び婿抱きが御神《おみ》酒《き》を飲む。また、三番が始まると、締め込み姿の青年団団長と副団長が神酒樽を持って神社に向かっていく。

宿の行事が終了すると、若者を中心に締め込み姿になり、境内の左義長のそばに集まる。代表である組合長が神職から神酒樽を受け取り、一気に御神酒を飲み干す。

そして、神酒樽を振り回しながら左義長を左回りに三回まわり、大勢を引き連れて御池に飛び込んで「樽せり」が始まる。樽を奪い合い、樽の上に乗り、樽が壊れるまで蹴り続ける。なかなか樽は壊れないが、樽の破片は縁起物になるため、一所懸命樽を蹴り、壊

す。この頃、花嫁は花婿の母親に連れられて春日神社に参拝する。樽せりが終わると、春日神社から少し離れた汐《しお》井《い》川のそばにある九郎天神社《くろうてんじんしゃ》まで、数人ごとに肩を組み、お潮井《しおい》を取りに行く。

神社に戻った若者は拝殿の中に集まる。中心は左腕に手ぬぐいをつけた花婿と、その手を支える婿抱きである。ここでは「祝いめでた」を一番ずつ歌うたびにおしくらまんじゅうのように婿を揉む。これを「拝殿《はいでん》揉《も》み」と呼ぶ。なお、ここで歌われる「祝いめでた」は、博多祇園山笠などで歌われ、よく知られている博多の「祝いめでた」とは異なるものである。

拝殿揉みが終わると、本殿裏の若宮に参拝し、左義長のそばで再び婿を揉む。最後に左義長のそばで、座った花婿と婿抱きの周りを取り囲み、手ぬぐいを花婿の頭にかけ、その上から若水をかけて祭りは終わる。

安産を願い尻を叩く

同じ頃、春日市小倉の住吉神社では「嫁ごの尻たたき」が行われる。過去一年の間に結婚した女性が参拝に来る

上：春日市・住吉神社の「嫁ごの尻たたき」（春日市提供）
下：大牟田市・弥剣神社の「水かぶり」（大牟田市提供）

福岡市早良区のトビトビ（福岡市博物館提供）。藁を束ねて作った被り物に身を包んだ少年らが各家を回る。家人に輪注連や藁馬・藁海老を手渡し，餅や菓子などを受け取る。秋田県のナマハゲをはじめ全国的に見られる来訪神行事の一種

と、安産などを願い、子供たちが藁を巻いた棒で尻を叩く。一時中断したが復活したものである。

水かぶりと臼かぶり

大牟田市三池の弥剣《やつるぎ》神社では「水かぶり」が行われる。昔、この地域で大火事が発生したことから、火災除けを願って始まったと伝えられている。臼に入った水を持ち上げ、頭から被るもので、その力強さには目を見張るものがある。以前は各家の前で行われていたが、現在は神社の境内で行われている。

なお、同様の祭りがみやま市高田町江浦《えのうら》町でも行われ、「臼かぶり」と呼ばれている。淀姫《よどひめ》神社や各家々で、男たちが臼に入った水を被る。

神が家々を訪れる

正月は神が訪れるものとも考えられている。秋田県男鹿《おが》のナマハゲ、石川県能登《のと》のアマメハギ、佐賀県見島《みしま》のカセドリ、鹿児島県甑島《こしきじま》のトシドンなどが有名であるが、福岡県でも「トヘトヘ」「トビトビ」「トエトエ」などと呼ばれる来訪神行事がある。

福岡市早良区石釜では「トビトビ」が行われる。藁で作られた「トビ」を被った子供たちが各家を回る。家の前に来ると、「トービ」と掛け声をかけ、輪注連《わじめ》と、男の子が生まれた家には藁《わら》馬《うま》を、女の子が生まれた家には藁海老《わらえび》を渡し、祝儀を受け取る。帰る際には水をかけられる。

これと同様の行事として、福岡市博多区金《かね》の隈《くま》の「金隈の鳶《とび》の水」や嘉穂《かほ》郡桂川《けいせん》町土師《はじ》の「トヘトヘ」がある。

［久野隆志］

百手［ももて］

的に矢を射て、その年の吉凶を占う

成人式の原型ともいわれる神事

百手祭りは、正月から春に行われる、的に向かって矢を射て、その矢の当たり方で吉凶を占ったり、悪霊退散を念じたりする、全国的に広く分布する儀礼である。

百手とは一手二本の矢とすると二百本、即ち多数の矢が射られることを意味する言葉だが、この呼称は九州、四国など西日本で用いられている。それ以外には「歩射《ぶしゃ》」とか、その転訛《てんか》である「オビシャ」といった名称（関東地方）が見られる。

時期的な中心が小正月にあり、射手は専ら若者であることから、成人式の原型とも考えられる。また、的に「鬼」の字を書き込む事例も多く、神仏習合や陰陽道との関連も見てとれる。

古来の姿を留める歩射祭

まず、小正月、一月十五日（現在は一月十五日に近い日曜日）に行われる志賀島《しかのしま》の「志《し》賀《か》海《うみ》神社歩射祭」を見てみよう。『延《えん》喜《ぎ》式《しき》神名帳《じんみょうちょう》』にも記載される古社であり、社人は阿曇連《あずみのむらじ》に繋がる伝承を持っている。神仏分離前は、社僧（宮司）が金剛山吉祥寺《きっしょうじ》で、境内には文殊堂《もんじゅどう》などがあった。ここの特徴は、境外の集落成員からなる社人《しゃにん》組織で、「大宮司」「禰宜《ねぎ》」「別当《べっとう》」「検校《けんぎゅう》」「宜別当《ぎべっとう》」「楽座」に分かれ、各々が一から四（あるいは五）の﨟次《ろうじ》（位《くらい》。本来は仏教用語）を有していることである。

歩射祭で射手を務めるのは、大宮司四《し》良《ろう》・禰宜四良・別当四良・大宮司五《ご》良《ろう》・禰宜五良・別当五良・検校五良・宜別当五良の計八名である（地区は上方・下方・岡方・西方から各二名）。そして各射手には各々「矢取《やとり》」の少年が付く。また、この行事の棟梁となるのは大宮司一良《いちろう》で、土地では「イトウベンサシ」と呼ばれている。

一同が拝殿に着座して、祭典が行われ、その後射手の直会《なおらい》、扇舞と続くが、射手の掛け声はすべて「ポスト」「ヨイヤ」である。そして大的を掲げ、イトウベンサシを先頭に神殿前庭で「的廻り」の儀式が行われ、その間、拝殿では「八乙女《やおとめ》の舞」が舞われる。その他の儀式を終えて一同が楼門を下り、参道に設けられた射場に到着して、いよいよ弓射が始まる。

径六尺九寸（約二メートル）の大的は、参道沿いに十一間（約二〇メートル）隔てて立てられる。大宮司四良より、先述の順番で一人一手（矢二本）ずつ独特な作法で射る。これを三回繰り返し、計四十八本の矢が射られる。一回射るごとに矢取は「お汐井《しおい》」（砂）を的に振り掛けて清める。

最後の弓射が終わると人々は的に殺到して破いてしまい、その破片をお守りとして家に持ち帰る。一方、射手は弓矢を持って矢取を従え、「地頭《じとう》」宅に赴き直会の座に着くのである。

志賀海神社歩射祭。拝殿での祭典の後，神殿前庭で大的を掲げて回る「的廻り」の儀式（左）が行われる。そして参道の射場に移動し，直径約２メートルの的に計48本の矢を射込む。すべての弓射が終わると，観衆が的を破り，その破片を厄除けのお守りとして持ち帰る（左は筆者撮影。下は福岡県立アジア文化交流センター提供）

糸島市二丈・淀川天神社の百手祭り。各戸の代表者（男性）が自作の弓矢を神社に持ち寄り，神社横の道で弓射を行う。その後の直会では，五穀豊穣・厄祓い祈願として山盛り飯を食べる。この独特の行事は「大飯食らい」と呼ばれ，顕密寺社の「大飯」行事の名残とも考えられる

奇祭「大飯食らい」

一月二十五日（現在は第四日曜日）に行われるのが糸島市二丈《にじょう》・淀川天神社の「百手祭り」である。淀川は戸数二十戸ほどの小集落である。

朝、各戸の代表男性は「イソズキ」という生木で拵えた弓と篠竹の矢数本を手に神社に参集する。深江神社宮司のもとで祭典が行われた後、向かいの公民館との間の道路上で、公民館横に設けられた的に向かってまず宮司が三回ずつ三度の弓射を行う。その後全員で九回の弓射を行い、最後に「山打ち」と称して、二丈岳に向かって一斉に弓射を行う。

昼頃、公民館で直会が行われるが、これが「大飯食らい」と呼ばれる独特な行事である。座敷は女人禁制となり、本膳五菜の膳が全員に用意される。給仕は「座方」と呼ばれ、御座一名、寄

り子四名からなるが、飯をおかわりしようものなら、山のような高盛飯を返され、飯食いの強制が続くのである。深江神社の宮司は、還俗前は「宮司大法師俊了坊」と称され、高野山金剛峯《こんごうぶ》寺《じ》末の社僧であった。また集落内に二名の山伏（修験者）がいたことも確認される。そうした点から見れば、かつての顕密《けんみつ》寺社の作法「大飯《だいはん》」行事が残されたのかもしれない。

周防灘沿岸に残る百手祭り

三月五日は、豊前市八屋《はちや》の厳島《いつくしま》神社の「百手祭り」である。弓射がなされる場所は神社横の「股手《またで》の藪《やぶ》」。鬼の股と手を埋めた所と伝えられる。「鬼」と墨書した的を掛けて行われるが、弓射の作法は「蟇目《ひきめ》の法」と呼ばれる。第一矢は的の上一尺、第二矢は下一尺を狙い、第三矢で二枚重ねた的を射抜き、悪魔を追い払うというのだが、修験の憑《つ》きもの落としの修法「蟇目法」との関連を暗示させる。

春の百手祭りのうち、開催時期が最も遅いのが、五月二十一日に行われる、同じく周防《すおう》灘に面した行橋市の蓑島《みのしま》神社の百手祭りである。室町時代の後半、燧《ひうち》灘より来襲する海賊に対抗して始まったとされ、大小の的は海賊の目に見立てたものだともいわれる。

直径二・三メートルの大の的と一・八メートルの小の的、当番区から奉納された二張の弓と二本の矢が本殿に供えられ、射手二名のほか氏子代表らが集まって祭典が行われる。その際、宮司の祝詞《のりと》奏上に続いて、島内の法泉寺、西方寺、浄念寺の三名の僧侶が並び、宮司による大太鼓の伴奏に従って般若心経を唱える。いわゆる「神前読経」である。

その後、少し離れた「的場」という小祠に移動して、弓射が始まる。二名の射手は、各々的に対して二回ずつ弓射を行う。終わるとすぐ、押しかけた群衆による「的こわし」が行われ、あっという間に終わってしまうのである。

［白川琢磨］

行橋市・蓑島神社の百手祭り。海賊の目に見立てた２つの的に矢を射る

博多松ばやし・稚児行列
（福岡市提供）

春

豊穣を願う

松ばやし［まつばやし］

新しい年を祝う賑やかな行列

原点は年始の祝賀

松ばやしは博多どんたくの中に見ることができるが、もともとは一月十五日を中心とした正月の行列風流《ふりゅう》の行事である。文献的には室町時代に京都で行われていたことが『看聞御記《かんもんぎょき》』などに記録されており、庶民が将軍・大名や公家などの屋敷に年始の祝賀に訪れるものであったという。

松ばやしの初めのかたちは、神の依《より》代《しろ》たる松を曳いて、高家・社寺を訪れて祝言を述べたものと考えられる。松ばやしの行列は様々な趣向が凝らされ、祝賀の歌舞には七福神の舞、鶴亀舞、獅子舞などがあったという。

「松ばやし」から「どんたく」へ

博多の松ばやしが文献に表れたのは、『策彦入明記《さくげんにゅうみんき》』の天文八（一五三九）年、『神屋宗湛《かみやそうたん》日記』の文禄四（一五九五）年で、江戸時代に盛んになり、『筑前国続風土記』や『石城志《せきじょうし》』などに記述されている。

それらによると、一月十五日、博多町衆や稚児が歌舞をはやしながら福岡城内に繰り込み、祝言の謡《うたい》などを行ったのに対し、城から一束紙一本扇を賜り、酒肴を振る舞われ、酒飲み放題の無礼講になったという。

『筑前名所図会《ちくぜんめいしょずえ》』などによれば、松ばやしの行列は、松あるいは羽子板をあしらった傘鉾《かさほこ》を先頭に、福神《ふくじん》、夫婦恵比須、大黒の三神が馬に乗って続き、その後に稚児行列となる。その後ろには思い思いの仮装をした「通りもん」と称する人々が加わる。現在の博多どんたくにおいても、その先頭に伝統的な松ばやしが行列する。

明治の初めに、博多松ばやしは蛮習として禁止されるが、明治十年代には正月行事としてではなく復活、明治十―二十年代にオランダ語の安息日を意味する「ゾンターク」からヒントを得て祭りの名称を「どんたく」としたといわれる。

博多松ばやしの夫婦恵比須（福岡市博物館提供）。夫婦の恵比須は非常に珍しい。男恵比須は左手に鯛を持ち，女恵比須は玉を抱いている

明治三十年代から昭和戦前まで、時期や意味合いを変えながらも継続、太平洋戦争により途絶したものの、戦後早々に復興された。昭和二十四（一九四九）年に新憲法発布を祝して開催日が五月三−四日になり、三十七年には「博多どんたく港まつり」と改称されて現在に至る。

時期や名称の変更を経ながらも、松ばやしの伝統はどんたくの中に息づいている。特に、戦後には伝統的な松ばやしを復興しようとする運動が盛んである。今日の松ばやしの稚児謡のことばの中に「ひめこまつ　ひけば　ちとせも」などと昔の小松引きの名残が見られ、同系統のことばは、熊本県菊池《きくち》市の菊池神社の松囃子《ばっぱやし》御能《おのう》の行事（現在は十月）にも伝わる。

現在の博多の町を巡る松ばやしの行列は、県庁、市役所、商工会議所、主な寺院、松ばやしに貢献した旧家などを訪れ、玄関で「言い立て」の祝言を述べる。迎える側は祝儀として、半紙一帳と白扇一本の「一束一本」を差し出す。松ばやしは博多手一本の手拍子で「祝《いお》うたあ！」と応じて乾杯、ご馳走に預かる。

それらには、伝統と現代をうまく混合させて祭りを継続しようとする博多商人の気風がうかがえる。博多の総鎮守・櫛田《くしだ》神社から出発すること、博多地域独特の「流れ」という組織で松ばやしの役割分担がなされていることなどにおいて、博多祇園山笠とも共通する。

九州の他の地域では、熊本市の北岡神社、藤崎神社で正月五日に松ばやし神事が行われている。

［吉田修作］

粥占

［かゆうら］

粥に生えたカビで豊凶を占う

北部九州に特有の神事

九州第一の流域面積を誇る筑後川は、阿蘇山に水源を発し、大分・福岡・佐賀県にまたがって横たわり、最終的には有明海にその流れを注ぐ。下流域には、筑紫平野、筑後平野、佐賀平野からなる大平野が広がり、あたり一面は日本を代表する穀倉地帯である。ここで紹介する粥占は、この筑後川流域を中心に濃密に分布する行事である。

例年小正月の時期から二、三月にかけて行われる粥占は、まず粥を大きな鍋で炊き、出来立てを器に盛り付ける。その粥を一定期間置いておいた後、粥に付着した「カビ」を解釈の材料として、農作物の出来や天候を占うのである。占いが行われる日は、大きな神社ともなると参道には露店が並び、近隣をはじめとして多くの人が訪れるのが毎年の恒例となっている。

粥占は全国的に行われているが、その中でもカビで占われるものは北部九州（福岡・佐賀・大分）に特有のものである。一般によく行われているのは、「筒粥《つつがゆ》」や「管粥《くだがゆ》」と呼ばれるもので、鍋で粥を煮立てる際に、中を空洞にした竹筒や葦《あし》を入れておき、その内部にどれだけ粥が入ったかによって豊凶を占うものである。

北部九州の粥占で占われる対象は、

粥を一定期間置いた後，カビの生え具合でその年の農作物の出来や天候を占う（写真は佐賀県みやき町・千栗八幡宮のもの）

粥占試人による占いの結果を読み上げる千栗八幡宮の宮司。粥占試人は占いを専門に行う人物のことで，福岡市西区・飯盛神社にも同様の役割を担う「粥元」が存在する

農作物や天候のほか、海に近い所では漁業のこと、さらには地震や大風などの天災や、なかには「世の中」といったものまで多岐にわたる。

　占い方については、カビの色や形状を見て解釈されることが多い。解釈の仕方は場所によって異なるが、例えば黄色や白のカビは豊作や晴天が続くように解釈されたり、逆に黒いカビや表面に露が付いていると多雨で天候不順であるとされたりする。また、占いが行われる場所によっては、佐賀県みやき町・千栗《ちりく》八幡宮の「粥占試人《かゆうらだめしにん》」や、福岡市西区・飯盛《いいもり》神社の「粥元《かゆもと》」のように、占いを専門に行う人がいる所もある。

　由来や由緒は不明な点が多い。史料に残るものとしては、寛文五（一六六五）年に佐賀藩士・大木英鉄《えいてつ》によって書かれた『肥前古跡縁起』に、千栗八幡宮の粥占についての記載があり、少なくとも当時からカビで占う粥占が行われていたことがうかがえる。

飯盛神社の稲作吉凶お粥お例し

福岡市西区の飯盛神社では、例年二月十四日に粥を炊く神事が行われ、三月一日に「稲作吉凶お粥お例《ため》し」と呼ばれる占いが行われている。

　飯盛神社の粥占の場合、福岡県下の他のものと比べると、粥を炊く方法に特徴が見られる。用いられる鍋の中には、米、小豆、塩、そして水が入れられ、午後九時くらいから日付が変わる夜半過ぎまで、大きなしゃもじでかき混ぜつつ炊く。最終的に粥は原型を留めずドロドロとした形状となり、頃合を見計らって鍋の火が消されて冷まされる。夜が明けた早朝、粥は早田、中田、晩田を占う三つの器に盛られて、神前に納められる。

　半月ほど経った三月一日の占いは、早朝暗い中に行われる。納められていた粥を出してきて、「粥元」と呼ばれる地区代々の特定の家筋の人々が占いを行う。その後、占いの結果が書かれた紙が張り出され、氏子をはじめ多くの参詣者が神社を訪れる。

筑紫神社の粥占祭り

筑紫野市の筑紫神社では、現在、二月十五日に粥が炊かれ、一カ月後の三月十五日に「粥占祭り」が行われている。粥を盛るのに用いられる金属製の鉢には、一八〇五年にあたる「文化二乙丑年」の年号が刻まれている。

筑紫神社では、米を研いだり、粥を炊いたりするのに使われる水を境内の井戸から汲んでいる。二月十五日には、まずその井戸を祓い清める神事から始められ、その後に鑽《ひきり》（発火器の一種）から採火し、粥炊きが行われる。頃合を見て火が止められて鉢に粥が盛られ、社殿に納められる。

三月十五日の粥占祭りは早朝から行われるが、占いの解釈は五人からなる粥占判断委員の合議の上で行われている。占いの結果は社殿の表に張り出され、多くの参詣者が訪れる。

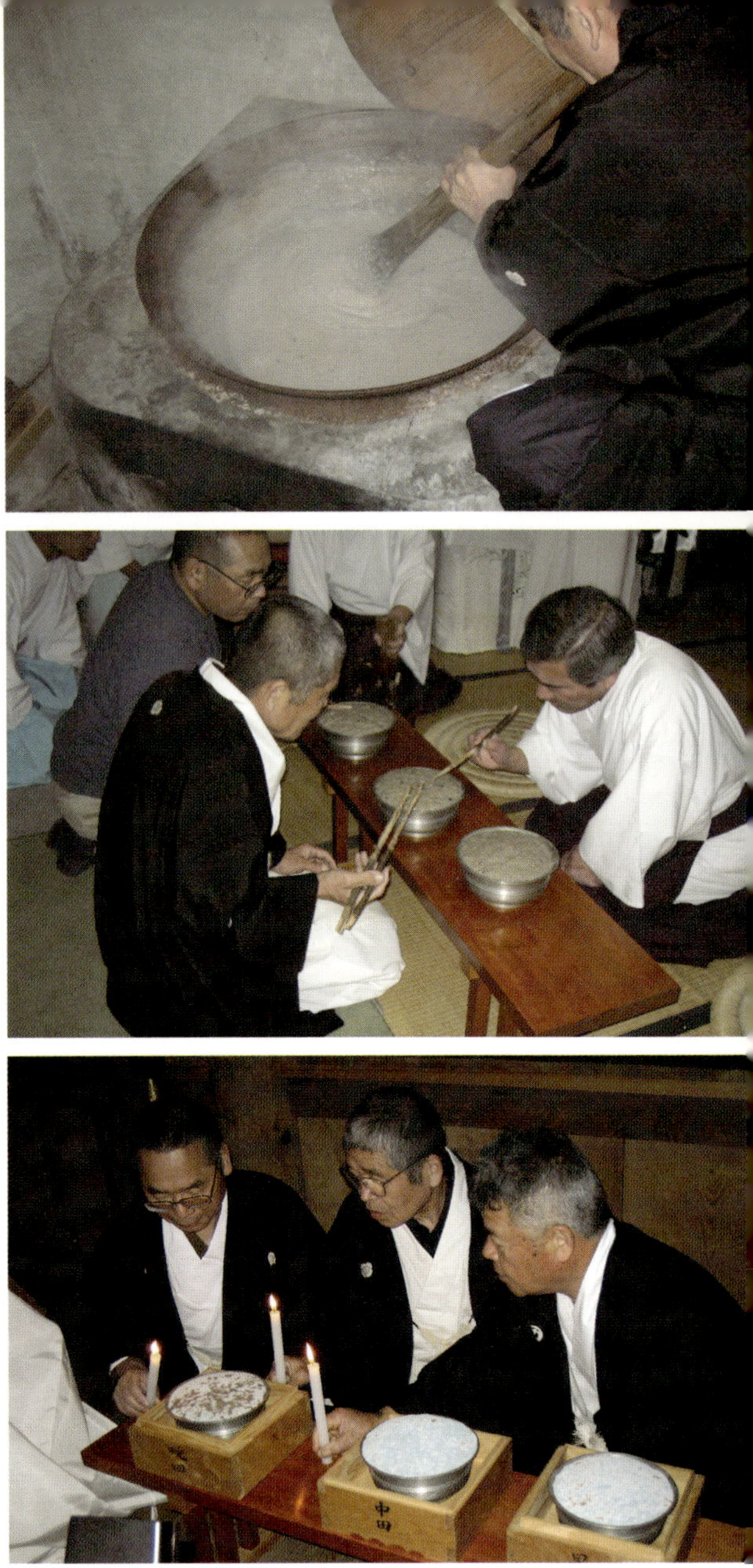

福岡市西区・飯盛神社の粥占
上：鍋の中に米，小豆，塩，水を入れ，ドロドロになるまでかき混ぜる
中：早田，中田，晩田を占う三つの器に盛る
下：約半月後，「粥元」と呼ばれる人々が占いを行う

粥占から見えてくるもの

福岡・佐賀・大分県の市町村誌をもとに粥占の数を合計すると、現在では廃絶したものも多く含まれるであろうが、実に百近くの寺社で粥占が行われていることがわかる。

最初に述べたように、その多くが筑後川流域に分布しているが、中でも八幡系統の寺社に比較的多いという特徴がある。このことから、高良《こうら》大社（久留米市）や肥前の千栗八幡宮を中心として、八幡神の信仰圏と何らかの関わりを持つことも推測される。

分布圏の平野の中に立ってみると、北の背振《せふり》山地や南方の耳納《みのう》連山、そして晴れた日には有明海を越えた先の雲《うん》仙《ぜん》岳が見渡せる。平野といっても、周囲を山に囲まれていることを身体的に認識すると、ふと自分が粥鉢の中にいるような錯覚にとらわれることがある。今日まで伝承されてきた粥占という行事に、人々の豊作への期待と祈りとが深く根ざしているように感じる瞬間でもある。

［亀﨑敦司］

筑紫野市・筑紫神社の粥占
上：境内の井戸を清める神事から始まる
中：「文化二乙丑年十一月吉日」と刻まれた金属製の鉢
下：筑前・筑後・豊前・肥前の4つの国について占う

お田植祭り

［おたうえまつり］

稲作りの所作を演じ、豊作を祈る

春の農耕の開始に先立って秋の豊作を祈願する最も一般的な形式は、「田遊び」と呼ばれる農耕の模倣を行う祭りであろう。田遊びとは民俗学用語であり、福岡県下ではお田植祭りや御田《おんだ》祭《さい》などと呼ばれるものがこれにあたる。福岡県でお田植祭りが多く分布している地域は旧豊前地域と旧筑後地域である。以下、両地域の代表的なものを紹介する。

豊前の松会 ── 修験文化

旧豊前のお田植祭りの多くは、英彦《ひこ》山霊仙寺《さんれいせんじ》（現英彦山神宮・添田町《そえだ》）や求菩提山《くぼてさん》護国寺（現国玉神社・豊前市）、普智山等覚寺《ふちさんとかくじ》（現白山多賀《はくさんたが》神社・苅田町《かんだ》）、松尾山医王寺（現三社《さんしゃ》神社・上毛町《こうげ》）、蔵持山宝船寺（現蔵持山神社・みやこ町）、檜原山《ひばるさん》正平寺（大分県中津市）といった古くから修験道が盛んであった山々で行われていたものである。これらの山では中世以来「松会《まつえ》」という祭礼が行われていた。蔵持山では明治年間に途絶えたが、その他の山では断片的ではあるが今日まで伝承されている。

松会は幣切《へいき》り、お田植祭り、神幸、風流《ふりゅう》（獅子舞や剣舞など）の四つの要素に大別できる。これは奈良県・大峰山、山形県・羽黒山と並ぶ三大修験霊山の英彦山において成立したものであり、英彦山の幣切りは峰入りと密接な関係を有していた。幣切りは修験道的に重要な儀礼であったので、明治初頭の神仏分離によって各山の寺院が神社へと変容する中で次第に断絶し、今日では等覚寺（白山多賀神社）でのみ伝承されている。このことによって等覚寺の松会は国の重要無形民俗文化財に指定されている。

今日の等覚寺の松会を例に説明すると、幣切りとは柱松（あるいは松柱）と呼ばれる柱の頂に登って、幣串《へいぐし》を刀で切る儀礼であり、一度で切れればその年は豊作とされている。松会の「松」とは柱松の「松」であり、幣切りが中心的な位置づけであったことを

高さ10メートル以上の柱松に登り，幣串を刀で切る「幣切り」。現在は苅田町・等覚寺（白山多賀神社）でのみ行われている（斎藤英章氏撮影）

物語っている。

　松会のお田植祭りは田打ちや畦《あぜ》塗り、代かき、種蒔きなど農耕の模倣を演じるものであるが、山によって順番は異なる。また、英彦山のように厳粛な神事といったものから、檜原山のように観客との即興の掛け合いなども交えて面白おかしく演じるものまで様々である。

求菩提のお田植祭りに登場する牛。主の言うことを聞かず，暴れたり寝そべったりして見物人の笑いを誘う。獅子舞のように２人で演じる

　特定の要素に着目すると、個々のお田植祭りの相違点が浮かび上がる。代かきに登場する牛は英彦山では木像であるが、求菩提山・松尾山では獅子舞のように胴に二人入る形式であり、檜原山では首だけの牛に馬把《まぐわ》（モーガ。田をすくのに用いた農具）を付け、紐で首を縦に動かす操り人形のような形式である。等覚寺では牛は登場せず、牛がいるものとみなして演技がなされる。過去の民俗調査報告を見ると、求菩提山や松尾山でも牛は首だけの形式であったようである。もう一つお田植祭りで盛り上がるのは「孕《はら》み女《おんな》」である。英彦山では「飯戴女《いいかぐめ》」、求菩提山では「ウナリ」という名称がある。これは男性が女装したもので、ユーモラスな仕草をして見物人を笑わせる。


　いずれにしても、厳粛な神事という側面が強い英彦山を除けば、お田植祭りを盛り上げる存在として牛や孕み女は欠かせない要素となっているのである。なお、こうしたお田植祭りの全体的な芸態（パフォーマンス）のあり方や、その中で歌われる神歌などによって英彦山とそれ以外の山では明確な違いがあり、お田植祭りに関しては異なる系譜が存在すると思われる。

　その他、糸田町の金村神社でも三月十五日にお田植祭りが行われているが、松会との関係はない。しかし、田植で石菖《せきしょう》を稲に見立てて地面に置く点は英彦山と類似している。また、牛が登場して暴れたりする点で、英彦山以外の松会のお田植祭りや大分県国東《くにさき》半島のお田植祭りと類似する側面もある。

筑後地域のお田植祭り

旧筑後のお田植祭りは他地域から村

糸田町・金村神社のお田植祭り（糸田町提供）。男性が女装した孕み女（身持ち女）が，ユーモラスな仕草で見物人を沸かせる

に勧請された神社で行われているものである。主なものとしては「権現《ごんげん》さんの御田植《おんたうえ》」（みやま市）や「海津御田《かいづおんた》植祭《うえさい》」（みやま市）がある。

権現さんの御田植はみやま市瀬高《せたか》町長田の日子《ひこ》神社と同町女山《ぞやま》の日子神社で行われている。後者は明治の区画整理で神社がなくなった女山地区に長田地区から日子神社を勧請したものである。日子神社はその名の通り英彦山からの分社であるが、松会とは関係なくお田植祭り自体も英彦山の御田祭《おんたさい》との類似性はない。また、田長《たおさ》と演者の掛け合いの歌に特徴がある。これも松会のお田植祭りには見られないものである。

海津御田植祭はみやま市北阿蘇田の阿蘇神社で行われている。これはその名の通り、熊本県の阿蘇神社の分社であり、お田植祭りもまた同社の系譜を引いていると思われる。神主と演者との掛け合いの歌に特徴がある。

修験の祭礼と村祭り

福岡県下のお田植祭りを比較すると、現状ではどれも村祭りという印象を抱きがちであるが、歴史的に見れば修験寺院の祭礼と村祭りという対比が可能であろう。前者は特定の村落の枠を超えて広く参詣者を集めた松会の一部を構成しており、近世期の英彦山では九州各地から延べ八万人の参詣者があったという記録もある。それ以外の山でも規模は違うが郡単位での参詣者があったものと思われる。一般的に田遊びは農耕を行う農民自身が演じるものであるが、これらの山では農耕に関与しない山伏が演じていたことも特徴である。しかし、お田植祭りで蒔かれる籾《もみ》種《だね》を持ち帰り、家の籾種と混ぜて蒔くと豊作になるといわれていた。

こうした籾種に関する言い伝えやお田植祭りでの演技そのものなどには修験道か否かは関係なく、それゆえ神仏分離を経ても豊前の修験霊山で伝承されてきたわけで、豊作を祈る農民の期待に応える側面での相違はないのである。

［山口正博］

楽打ち

［がくうち］

太鼓を打ち鳴らし、災厄退散を祈願する

楽打ちとは

楽打ちとは太鼓踊りの一種で、胸に付けた締太鼓を打ち鳴らしながら踊る民俗芸能である。楽打ちの「楽」とは太鼓のことを意味する。霊魂を鎮めて祈願する念仏踊りから発達したものと考えられるが、華やかな装いをする風流《ふりゅう》踊りの系譜も引き、五穀豊穣、雨乞い、国家安穏、家庭円満、無病息災など、様々な祈願を目的に踊られている。

踊り方（舞い方、打ち子）、それに大太鼓・鉦《かね》・笛などの囃子《はやし》方などで構成され、楽を指揮する団扇《うちわ》使いなどが加わることもある。正式な本楽は踊り方二十四名、半楽は十二名で構成されるという。主に旧豊前国地域に伝えられており、福岡県下では豊前市、築上町、行橋市、みやこ町、北九州市などに分布し、大分県側では中津市や宇佐市と旧豊後国の国東《くにさき》半島に広がる。

旧豊前国地域に伝わる楽打ち

■豊前市

四郎丸《しろうまる》の感応楽《かんのうがく》は、「天地感応楽」「国楽」「山田の感応楽」とも呼ばれ、本来は旧暦六月三十日に行われた大富神社の大祓《おおはらえ》（穢《けが》れを祓い清める行事）の神事芸能で、現在は四月三十日と五月一日の春季大祭に演じられる。

踊りの中心は中楽《なかがく》六名と団扇使い二名で、中楽は前垂《まえだれ》・ヘラ皮（シナの樹皮）の腰蓑を着けて赭熊《しゃぐま》（馬の尻尾で作った毛笠）を被り、胸前に締太鼓を抱えて幣《へい》を背負う。団扇使いは腰蓑を着けて菅笠を被り、角団扇を手にする。花楽（側楽）という踊り方は、中楽と同様の姿の子供たちである。囃子方は笛と鉦で、読み立て、丸団扇持ちなどの子供たちも参加する華やかな芸能である。

覚書によれば、天平十三（七四一）年から始まったという伝承を持ち、天正十六（一五八八）年から中断して延宝五（一六七七）年に復興し、明治十

（一八七七）年頃、現在のようにお田植祭りと結びついたという。

　角田《すだ》の豊前楽は、五月第三土・日曜日の角田八幡神社神幸祭で隔年に奉納される。田遊び的な所作があるのが特色で、踊り方は緑色の狩衣《かりぎぬ》の袖を腕貫きとして着用し、花笠を被る。

■築上町

　高塚楽は七月二十五日に綱敷《つなしき》天満宮で演じられる。椎田《しいだ》の浜に上陸された菅原道真公に演じて見せたのが始まりと伝え、白装束の子供たちが御幣《ごへい》を背負って踊る。

　安武の安武楽は五月三－四日に満田神社で奉納される。寛文三（一六六三）年に完成した大西池の水利安全と飢饉疫病退散を祈願し、宇佐から念仏楽を学んで神幸祭で奉納したのが始ま

上：豊前市・大富神社の感応楽（昭和30年頃。福岡県教育委員会提供）／下：築上町・綱敷天満宮の高塚楽（築上町提供）

りという。
上伝法寺《かみでんぽうじ》の岩戸楽は五月五－六日に岩戸見《いわとみ》神社で奉納される。鎌倉期に鎮西御家人・宇都宮氏が勧請した時に神楽とともに奉納したと伝え、舞い方は子供たちである。

■みやこ町

国分《こくぶ》の山王楽《さんのうがく》は五月二－三日に豊津神社（旧称山王宮）と上下の貴船《きふね》神社で奉納される。打ち子十二名（太鼓十名、鉦二名）と笛吹き二名で構成され、子供たちが中心となって演じている。

豊国楽《とよくにがく》は、延享四（一七四七）年に木山地区が小倉祇園の田町楽を習得したものを文久二（一八六二）年に下伊良原《しもいらはら》地区が譲り受けて高木神社に奉納するようになったと伝える。子供たちの踊り方十二名と、中老と呼ばれる大人たちの囃子方（太鼓打ち一名、鉦打ち一名、歌詠三名）による、半楽構成の楽打ちである。

黒田の黒田楽は四月二十五日前の金・土・日に黒田神社の神幸祭で奉納される。打ち子の子供たちが鶏《にわとり》の羽を用いた被り物を用いることから「鶏楽」とも呼ばれる。楽師匠二名、言立《いいたて》一名、杖立て四名、歌師二名、笛三名、太鼓（打ち子）八名、鉦十名の計三十名で構成される。

上：みやこ町・高木神社の豊国楽（みやこ町提供）
下：行橋市の下検地楽（行橋市提供）

北九州市小倉南区の沼楽（北九州市提供）

上伊良原の万葉楽は五月四－五日の上高木神社（旧称大行事社）の神幸祭の先導役をする楽打ちである。楽の合間に詠嘆調の神歌が歌われる。戦前は地区の青年たちが演じていたが、戦後は子供たちが伝えている。

■行橋市

下検地《しもけんち》の下検地楽は五月三－四日の王野八幡神社神幸祭の時に地区の氏神や山の神、豊前坊など、諸所の神に奉納される。約三百年前に伝えられたといい、頭上に鶏の羽根を飾るので「鶏楽」とも呼ばれる。

行橋市の入覚念仏楽《にゅうがくねんぶつがく》は五月三日に五社八幡神社などで子供たちが踊るが、太鼓打ちは立烏帽子《たてえぼし》を被り、御幣を背負う。

■北九州市

小倉南区の道原楽は、もともと成人四十三名による本楽の楽打ちで、道原地区が紫《むらさき》川の水源地近くであることから、雨乞い祈願に踊られるようになった。

同区沼本町の沼楽は五月三日に沼八幡宮などで奉納される。牛馬の悪疫流行を契機に始まったと伝え、雨乞いでも奉納されてきた。長い中断の後、昭和十一（一九三六）年に復興した。半楽規模の楽打ちで、現在は十二名の子供たちが太鼓を演じている。

同区石田の石田楽は総勢二十五名の雨乞いの楽打ちで、太鼓打ちが背負う小幟には「仰神威祈雨」と墨書きされ、団扇使いの団扇には表に「雨」、裏に「楽」と書かれている。

同区葛原《くずはら》新町の葛原新町楽は十月第四日曜日に葛原八幡神社、葛原天満宮などで演じられる。もともと牛馬の悪疫平癒のために始まったと伝え、雨乞いの時にも奉納されていた。第二次世界大戦中に中断して昭和五十一年に復活し、現在は子供たちを中心に演じられている。

［段上達雄］

北九州市戸畑区・戸畑祇園大山笠（藤原尚武氏撮影）

夏

魂の躍動

祇園・山笠

［ぎおん・やまかさ］

豪奢なヤマが町を彩る

山笠の起源とその分布

福岡の祇園といえば、博多祇園山笠を思い浮かべるのが一般的であろう。七月一日から十五日までの間、華やかな山笠が博多の街を彩る夏の祭礼である。

その中心的存在である山笠とは、祭礼の「つくり物」のことである。「ヤマ」と総称され、起源は平安時代に京都・神泉苑《しんせんえん》で行われた御霊会《ごりょうえ》の華やかな細工を施した造作物にあるといわれる。通説では、強力な「神霊」の乗物と考えられ、街中を曳き回すことによって、その神威によりはびこる疫病などを追い払うものとされている。現在、京都祇園祭りで見られる山と鉾《ほこ》は、まさにその末裔とされている。この「山」の北部九州版が山笠と考えていい。

北部九州に見られるヤマは、岩山あるいは岩組山《いわぐみやま》とも呼ばれ、岩・波・館などの細工を背景に人形を飾りつけ、歌舞伎や浄瑠璃の名場面を表現したものである。年ごとに新しい飾りに変えるのが特徴である。このような人形山は福岡市を中心とする旧筑前領から、佐賀県唐津市を中心とする旧唐津藩領、大分県日田市を中心とする天領、離島の長崎県壱岐《いき》までの分布域を持つ。

人形山の系統——博多との関係

人形山の分布地は、現在は行われなくなったものまで含めると優に百カ所を超える。それを詳細に見ると、いくつかの系統に分けることができる。筆者は、便宜上それぞれを博多系・津屋崎系・直方系・浜崎系・日田系と呼ぶ

「博多祇園山笠巡行図屏風」（部分。江戸時代中期。福岡市博物館蔵）。骨組みを幕や布で飾り，頂には多くの旗や指物が立てられている。右側は山笠を組み立てる様子

ことにしている。

博多系の特徴は、山笠の頂上からシオリ（台上）まで一本の道筋を通すところにある。津屋崎系も、博多系とほぼ同じ形式で、江戸時代に博多から祇園神を勧請して始まったものである。直方系は、人形や岩山は同じだが、一本の道筋を通す約束事がなく、浜崎系は一本の道筋を通すのは博多系と同じだが、飾りを前後に張り出す「槍だし」という手法などに特徴がある。日田系も博多系と同様だが、横に飾りを張り出すような造形で知られている。

諸系の山笠は詳細に眺めると、「博多」との関係が見えてくる。その要因には、歴史的な背景とともに人形の貸借関係が挙げられる。博多山笠に飾られる人形は「ヤマ人形」とか「山笠人形」と呼ばれ、博多人形師が紙やおがくずを主な材料に使い、独自の技で制作する。周辺の山笠では、博多山笠終了後に飾りや人形を借用して祭りを行

博多祇園山笠の追い山ならし（木下陽一氏撮影）。左上に見えるのが清道旗

ってきた。地元に人形師が存在する浜崎系や日田系でも「博多の人形が回ってくる」という伝承があり、かつて実際に博多のヤマ人形が使われていた。

各地の「追い山」

博多祇園山笠には様々な行事があるが、最大の山場は、「追い山」である。十五日未明、櫛田神社前に勢揃いした七本の山笠は、午前四時五十九分の太鼓の合図で順に境内に飛び込み、清道旗の周りを一周した後、博多の街へと舁《か》き出していく。全長五キロの道のりである。一番山だけが、境内で一旦山笠を止め、「祝いめでた」を唱和することになっている。櫛田神社にヤマを奉納する行事であるが、近代になって競技性が加味された。「櫛田入り」と「全コース」という区分を設けて、それぞれに時間を計り、テレビ・新聞各社がこれを発表するのが恒例化してい

る。

しかし、追い山の始まりは、偶発的な出来事にあった。伝承では、貞享四（一六八七）年に博多土居《どい》町の娘が竪《たて》町に嫁いだ。それを快く思わなかった土居町の若者たちが、嫁と婿が里帰りした時の「笹水祝い」（花婿に祝いの水をかける）で、竪町の婿に桶を被せて笑いものにするという事件が起きた。この年の山笠は、三番が土居町で四番が竪町だった。竪町が桶被せの敵討ちに、休憩中だった前の土居町の山笠を追い上げた。これが、追い山の始まりと伝えられている。

各地の山笠でも「追い山」が行われている。博多系や津屋崎系に特に多いが、曳き山の直方系の山笠でも見られる。博多系の例として飯塚を紹介する。七月十五日の夕方、納祖《のうそ》八幡宮下から間隔をおいてスタートした四本の山笠は、バスセンター前に順番にやってくる。山笠は「飯塚祇園山笠」と染められた白い幟を回って一端止まる。そこでタイムが発表され、再度ゴールに向けて舁き出す。博多山笠でいう「櫛田入り」と「全コース」の形式を融合させて行事に仕立てている。山足（山笠の速度）はかなり速い。しかし、昨今は「山笠はスポーツではない」という風潮が高まっており、神事的要素を希求している。飯塚の山笠は、博多山笠の形式を模倣することによって、その心意までもが醸成され、伝統が形成されていく過程がわかる事例である。

直方系では、北九州市八幡西区木屋《こやの》瀬《せ》の山笠で追い山が行われている。二本の山笠が時間をおいてスタートして、約一キロの道筋でその速さを競う。両山笠の間隔の長短によって勝敗が決まる。また、「宮入り」という行事もある。須賀神社前に揃った二本の山笠が順に勢いよく境内に練り込むものである。祇園神に対して山笠を奉納する神事であるとされ、山笠の取り回し方など作法が厳重に守られる。この行事は、博多山笠の「櫛田入り」に相当するものと考えていい。

宿場と山笠

飯塚と木屋瀬の例は、どちらも「筑《ちく》前六宿《ぜんむしゅく》」と呼ばれる長崎街道の主なる宿駅で行われる山笠である。木屋瀬には「博多の祇園は、飯塚から木屋瀬に来て、黒崎で終わる」という言い方がある。これは、街道沿いに博多の文化が移動していく様の謂《い》いでもある。それを念頭に木屋瀬を俯瞰すると、町の

飯塚祇園山笠（飯塚市提供）

構造そのものにも興味深い事実が見えてくる。木屋瀬は、新町と本町に分かれるが、かつて新町を「博多」、本町を「福岡」と称してきた。そして、その中央を流れる、現在暗渠《あんきょ》になっている小川は福岡の西部を流れる「室見《むろみ》川」とも呼び慣わしている。

　これは、木屋瀬の町自体が博多を雛形としてきたことをうかがわせる。それならば、なぜ山笠は直方系なのかという疑問が残る。『鞍手《くらて》郡誌』（鞍手郡教育会、一九三四年）には、次のような記述がある。

「昔寛永以前より明治の初年に至る迄は岩山造りにて、高さ三丈余もありて、重量重く、他村の壮丁の加勢を受けて盛んに舁きたりしが、その後屋台造りとなり、大正三、四年頃電燈線の架設以来高さ台上三尺位のものとなる」

　かつては博多と同じ「岩山」だったのが、「屋台」すなわち直方系へと変容したことがこの記述からわかる。町、山笠、そして人々の意識とも、博多に酷似したものだったのである。須賀神社に明治三十一（一八九八）年に奉納された絵馬には、博多系の高い山笠が描かれており、明治後期までは、博多と同じ形式だったことが証明される。

島の山笠

街道があれば、海路もある。その路線に沿って離島にも山笠が分布している。長崎県・壱岐島、福岡市・小呂島《おろのしま》、宗像市・大島である。一例として小呂島の事例を挙げる。

七月十五日早朝に「朝山」がある。山の舁き出し時間は、日の出が選ばれる。しかし、かつての舁き出しは、博多と同じ四時五十九分であったという伝承も残っている。五分前から秒読みが始まる。時間になると、七社神社前

上：黒崎祇園山笠の笹山。お汐井とりが済むと華麗な人形山に姿を変える
下：木屋瀬祇園山笠（以上２点，北九州市提供）

から一気に舁き出す。神社前で担ぎ上げ右回りに回って、鳥居に向かって山笠が舁き込まれる。そこで山を止めて「祝いめでた」を唱和する。

小呂島祇園山笠（福岡市博物館提供）。沿道から氷混じりの水が飛ぶ

　その後、島を山笠が巡幸するが、平地がなく上り坂が多くて道は狭い。沿道から氷混じりの水が飛ぶ。キアイミズという。島の家並みを時計回りに回って最後に七社神社鳥居に駆け込み、手打ち。調子は「博多手一本」に似ているが、合いの手の詞章が異なったものだ。舁き回る山笠とは別に、高い飾り山も神社前に据えてある。さらに、夕方もう一度山笠が島を回る「夕山」がある。朝山には島民しか参加できないしきたりだが、夕山には誰でも参加できる。

　舁き山・飾り山の存在にも相まって、朝山の様子には博多の追い山櫛田入りと同様の感覚がある。境内は山が回る広さがないため、その場で櫛田入りのように右回りして、清道を回っていることを演出していると考えることができる。

祇園以外の祭りに登場する山笠

山笠は祇園の祭りに出るつくり物である、と言い切ることはできない。なぜなら、祇園以外の神社の秋祭りに登場することもあるからだ。

　糸島市加布里《かふり》では加布里天満宮の秋祭りにその姿を現す。筆者は博多系に分類している、車輪のある曳き山である。現在祭りは諸般の事情で休止されているが、かつては一〇メートルを遙かに超える高さの据え山笠一基と高さの低い曳き山三基が制作され、たくさんの人々に曳かれた山笠が町を巡幸していた。人形飾りの制作には博多人形師が関わるなど、博多と密接な関係にあった。

　加布里の山笠は、「享保二十（一七三五）年から寛延元（一七四八）年に至る十四年間に、三回に及ぶ大火、それに加えて疫病が流行した。それで寛延三年に神仏に町の安全を祈願して、笠鉾一本を台に立て里内を回り、産土《うぶすな》の天満宮に奉納した」という伝承になっている。山笠は祇園神だけに奉納されるものではなく、疫病や火災などを防ぐ意味で土地の氏神に奉納されるものであったようだ。江戸時代からの伝統と、県内でも屈指の高さと美しさを持つ加布里の山笠。福岡県の文化財として早期の復活を望むのは筆者だけではあるまい。

ハカタウツシ

玄界灘沿岸には「ハカタウツシ」という語彙がある。博多をお手本として、自らの地域の習俗にとり入れていく感覚を意味する言葉である。各地の山笠を通観すると、飾りの形式、行事や儀礼に博多の要素がいくつも認められる。紙面の関係で詳しくは述べられないが、博多山笠の影響は、博多の当番法被《はっぴ》の模倣や、ヤマに携わる人々の手一本の移入などの身振り、果ては精神性に至るまで、認めることができる。

北部九州に数多《あまた》分布する山笠は、博多と同質の文化の中に花開いたもの、すなわちハカタウツシということになろう。それゆえに、旧佐賀藩領（佐賀平野部）に入ると、山笠は全く分布しない。ヤマを実現するには、高額な費用をかけてつくり物を制作し、祭り終了と同時に一気に山笠を解いてしまうことが必要であった。すなわち消費的行動を良しとする気風かどうかである。倹約を美徳として庶民を統治した佐賀藩には、それはそぐわないものであった。しかし、一気に解体する行為の根底には、より深層の要素として、冒頭に述べた、ヤマによって災厄を祓い、つくり物を壊すことによって安寧を図る「祀り捨て」の民俗的思考が流れていることも忘れてはならないだろう。

［福間裕爾］

糸島市・加布里山笠の曳き山（糸島市提供）

豊前の祇園祭り

【ぶぜんのぎおんまつり】

各地に伝わる多彩なヤマ

豊前地域特有の幟山

行橋市元永にある祇園社、通称「今井の祇園さん」（現・須佐神社）は、建長六（一二五四）年、京都八坂神社の勧請《かんじょう》と伝えられており、豊前地方における祇園信仰伝播の基地として、祭礼の幟山《のぼりやま》は豊前一円に広がり、筑前系の人形山に対する豊前系祇園山笠の特色ともなっている。祭礼はもと陰暦五月二十五日から六月十五日まで（現在は陽暦七月十五日から八月三日まで）で、「二十日祇園」と呼ばれ、連歌奉納と山笠巡幸とに中心が置かれていた。山笠は曳き山四基、舁《か》き山二基の六基。いずれも幟山で、周防《すおう》灘に注ぐ祓《はらい》川の河口両岸の今井津の村々から出て、御神《ごしん》入れをした山笠がそれぞれの村内を祓い、最終日に渡河して祇園社に還御していた。特記すべきは山笠の一基に八《やつ》撥《ばち》と呼ぶ、京都・八坂祇園長刀鉾《なぎなたぼこ》と同型の稚児が乗って注連切《しめき》りをしていたことで、現在も伝えられている連歌奉納とともに、中世の遺風を残していた。惜しむらくは現在では衰退し、山笠も曳き山一基だけとなり、八撥も青年の肩に乗って渡河をするというかたちに簡

今井祇園（行橋市）の曳き山（行橋市提供）。豊前系祇園山笠の特色である幟山は，この今井祇園から各地へ伝播した

かつて今井祇園では京都・八坂祇園と同様の八撥神事（稚児が山笠に乗って注連切りを行う）が見られたが，現在は稚児が青年の肩に乗って川渡りをするかたちに簡略化されている

略化されている。

祇園祭りは疫病除け、災厄除けの夏祭りとして六月十五日を祭日としていたが、豊前地方では伝承の過程で適宜祭日移動をしたり、神幸祭と合体したりしている。みやこ町・生立《おいたつ》八幡宮の神幸祭は「犀川じんじ（神事）」と呼ばれ、五月第二日曜日を最終日とする三日間。初日はお汐井《しおい》取り、二日目は三台の神輿《みこし》による御神幸、三日目が山笠となっている。山車《だし》は高さ一四、五メートルの親車（車の付いた曳き山）二基と、やや小型の昇き山六基からなり、今井の幟山と同じく台上に社《やしろ》を組んで中央に鉾を立て、前後左右に三十数本の赤旗幟を取り付け、百人近くの山昇きが鉦・太鼓に合わせて勇壮に動かす。昭和二十（一九四五）年頃までは山車が今川を渡河していたという。

幟山の川渡りで有名なのが、田川市伊田・風治《ふうじ》八幡宮の川渡り神幸祭で、伊田の産土神《うぶすな》・風治八幡宮の神輿に、境内社・須佐神社（祇園社）の山笠が随伴しているが、永禄年間（一五五八－六九）、悪疫流行の際に万年願《まんねんがん》として奉納されるようになったという。江戸時代には三月十五、十六日、明治末年には陽暦五月十七、十八両日、現在では五月第三日曜日とその前日に行われている。

初日はお下りで、二基の神輿（一基は末社・白鳥神社のもの）に続いて十一基の幟山が彦山《ひこさん》川を渡河して対岸のお旅所に向かう。幟山は今井・犀川とほぼ同型で、山鉾の中頃に取り付けたカゴから四方に吹雪《ふぶ》いたように垂れるバレンの色合いが鮮やかである。車を付けた曳き山の台や舵棒に青年が付き、子供が長い綱を引いて、川瀬を渡る時は鉦の音が一際高くなり、山車同士が水を掛け合い、彦山川は興奮の坩堝《るつぼ》と化す。日暮れ時にお旅所に入って一泊。二日目はお上りで、前日の興奮が再現される。

豊前地方の幟山はこのほか、田川郡添田《そえだ》町津野、同赤村、田川市下弓削田《しもゆげた》をはじめ随所に見られる。

人形山・飾り山の流入

祇園山笠は祭礼の中でも最も華やか

田川市伊田・風治八幡宮の川渡り神幸祭（斎藤英章氏撮影）

なものだけに、様々な趣向が凝らされ、筑前地方の人形山・飾り山が豊前地方にも流入している。京都郡苅田《かんだ》町宇原《うはら》神社の「苅田山笠」は、灯山《ひやま》（提灯山）・幟山・岩山（人形山）に三度姿を変えるという特徴がある。神幸祭は陰暦八月十四、十五両日に行われていたが、現在は十月第一日曜日。五日前から約二二〇個の提灯を付けた灯山七基が二、三日町を練り歩く。

神幸祭の前日、幟山に姿を変えた十四基の山笠が海岸の汐井場で汐かきをして山笠の清めをする。神幸祭当日は、紙張りで岩の形を作ったのを積み上げ、御殿・飾り花（ホテ花と呼ぶ）に人形数体を飾り付けた岩山に姿を変え、勇壮に町中を練り回し、相互にぶっつけ合う姿から「喧嘩山笠」の異名を持っている。幟山には今井祇園の流れを汲みながら、提灯山や岩山は筑前北部の山笠の影響が見られる。

田川郡香春《かわら》町の祇園社も今井祇園の

苅田町・宇原神社の苅田山笠（苅田町の神幸祭を研究する会提供）。上から，灯山，幟山，岩山。まず約220個の提灯を付けた灯山が夜の町を彩り，神幸祭前日の汐かきの際には，赤い幟を立てた幟山に姿を変える。さらに神幸祭当日，紙張りの岩を積み上げて飾り花や人形などを付け，きらびやかな岩山へと姿を変える

勧請で、陰暦六月十日、十一日の祭りが、現在は五月四、五日に行われている。本町・魚町・山下町の三町からそれぞれ一基ずつの神輿と山笠が出るが、山笠は人形飾りの舁き山である。

田川郡糸田町の須佐神社は、宝永五（一七〇八）年、当時流行した疫病退散を祈って今井祇園社を勧請し、その翌年から山笠を立てるようになったと伝えられている。神社が標高四二メートルの小高い丘の上に鎮座していたため、昭和三十年頃までは、四本柱に提灯を灯した山笠を担ぎ上げていたが、現在は産土神の金村神社で五月の第二土・日曜日に祇園祭りが行われている。山笠は人形飾りの舁き山で、往時は三丈（九メートル）もの高さだったのが現在では小型化して六メートル程度になっているが、それでも二トン近くの重量がある。舁き棒の上の屋台は上下二段構えで鉦・太鼓部屋になっており、屋台上には城郭と武者人形が飾り付けられ、合戦場面が描かれている。

福智町・金田稲荷神社の飾り山（福智町提供）。田川郡の遠賀川支流一体では，筑豊炭田との関わりからか，筑前系の豪華な人形山が見られる

四十人近くの舁き手が鉦・太鼓に合わせて山をゆすりながら威勢よく町を練り歩く。以前は上・中・下糸田から三基の山笠が出ていたが、現在では大人の山が十基、子供の山が八基出て、町全体が活気に包まれる。

田川郡福智町・金田稲荷神社でも、明和三（一七六六）年、疫病退散のため境内に今井祇園社を勧請、祇園祭りをしている。明治初期までは幟山であったが、中期以降は炭鉱の隆盛とともに豪華絢爛たる人形飾り山に変わった。

田川郡の遠賀《おんが》川支流一体で飾り山に筑前系の人形山が普及しているのは、筑豊炭田との関わりから、飯塚・直方《のおがた》との接触によるものかと思われる。「直方の人形師に来てもらった」と言っている所もある。炭鉱との関連では、田川市・糸田町・福智町のように、炭鉱閉山後の疲弊した地域振興の活力として山笠行事に力を注ぎ、盛り上げを見せている所もある。

小倉祇園の太鼓山車（木下陽一氏撮影）。山車の前後に直径約50センチの太鼓を１個ずつ据え，４人の打ち手で両面打ちを行う。これをジャンガラ（銅拍子）がリードし，豪快な囃子を奏でる。映画「無法松の一生」での阪東妻三郎の太鼓打ちに迫力があったため，俥曳き（くるまひき）の法被姿で打つ所もある

小倉の太鼓祇園

豊前地方の祇園祭りで例外的なものに、小倉の太鼓祇園がある。現在、旧小倉城内に祀られている八坂神社は、もと城外の農村にあったのを、元和三（一六一七）年、細川忠興《ただおき》が城下に勧請したもので、細川に替わって入府した小笠原侯によって祇園祭りが奨励された。神輿に続いて踊車・飾り山・笠鉾などが城下町を練り歩き、藩主在国の年は城内に繰り込み、藩主が物見櫓《ものみやぐら》からこれを遊覧したという。ちなみに小笠原侯が歴代領内の祭り行事を熱心に奨励援助したことが、各地の祭りで山車を囲む幕に家紋の三階菱《さんがいびし》が染め抜かれていることによっても知られる。

小倉祇園祭りには、神輿に山車・山鉾・踊車が随行し、後ろから担ぎ大鼓が従って城下町を約半周する「回り祇園」と、巡行を行わず、各町が山車・笠鉾などを町内に据え置く「据え祇園」とがあった。この祇園祭りも幕末の長州勢侵攻による城下町疲弊のため中断され、明治中期に復興されたが、祭礼の古式が失われ、神輿に担ぎ大鼓が随行するだけのものになっていた。担ぎ大鼓が現在の太鼓山車に移行したのは明治末期頃で、山車の前後の曳き棒に直径一尺四寸五分（約五〇センチ）の太鼓を一個ずつ据える。太鼓は両面打ちで、ジャンガラ（銅拍子）が一定のリズムで太鼓をリードする。原則的な打法はあるが、細部の技法は町内ごとに独特の打ち方を受け継いでいる。

以前は七月十日から十三日までの三日間に行われていたが、現在は七月第三土曜日を挟む三日間になっている。初日は御神幸（回り祇園）、中日は祇園太鼓競演会、最終日には据え大鼓競演会が催されるなど、小倉の町は連日太鼓の響きに包まれる。［佐々木哲哉］

大蛇山

［だいじゃやま］

見る者を圧倒する、火を吐く大蛇

大蛇にまつわる伝説

福岡県のヤマは、その形態から大きく三つに分類できる。旧筑前領に多い人形山、旧豊前領を中心とする幟山《のぼりやま》、そしてもう一つが大蛇山である。分布域は、かつての旧柳川・三池の両藩の領内に留まる。現在の大牟田市・みやま市を中心として柳川市までの南筑後がその範囲である。

屋形の付いた山車《だし》の前後にある大蛇の装飾から「大蛇山」と呼ばれている。一見して龍のように見える飾りをなぜに施すようになったか、またそれをなぜに大蛇と呼ぶのか、明確に説明できる資料は残念ながら残っていない。しかし、三池山（今山嶽）に伝わる、次のような古池の伝説は大蛇との繋がりを連想させる。

「今山の城にいたお姫様を、大蛇が今にも飲み込もうとした時、毎日ご飯つぶをあげてかわいがっていたツガニが出てきて、鋏《はさみ》で大蛇の胴体を三つに切って姫を守った。大蛇の切られた体がのたうった窪地に水が溜まったのが三池山の山頂にある『三つの池』である」

というもの。三池山には現在も実際に三つの池がある。かつて三池権現として信仰された場所である。

「噛ませ」と「目玉の争奪」

三池地方には、江戸時代末期頃に柳川・三池両藩から下賜されたという伝承を持つ山車「御前山《ごぜんやま》」が存在している。本町と新町の三池祇園のヤマである。その屋台に大蛇の装飾が施されて町内を回る。

大蛇の飾りは、竹と藁《わら》で組んだ骨組みの上に紙を貼って着色したもの。大蛇の口を中心に神社のお札である大麻《たいま》が貼り混ぜてある。大蛇の頭、屋台の天井に飾る胴体、後ろに付ける尾という三つの部分からなる構成で、先に述べた三池の伝説が反映されているかの

大牟田市三池本町の御前山（大牟田市提供）。江戸時代末期に柳川藩から下賜されたという伝承を持つ

ようである。

行事で特異なものとして、「噛ませ」と「目玉の争奪」がある。町場を巡幸するヤマは、口から花火と煙幕を出す。これも大蛇山の特徴の一つとされる。ところどころで止まり、子供を大蛇の口に入れるように抱き上げる。それが「噛ませ」である。子供の無病息災を祈る儀礼である。

そして巡幸のクライマックスが「目玉の争奪」になる。神社境内に戻ってきた大蛇山に大勢が登り、目玉、牙、耳を奪い合う行事である。かつてはあまりの激しさのため怪我人は当たり前の行事だったという。特に左の目玉が霊験があるとされ、争奪戦は熾烈を極めた。目玉を手にしてもそれで終わりではなく、どこかの家に持ち込み神棚に供えて、やっと決着がついた。大人の行事であったものを、現在は子供行事として存続している。

新たなヤマの登場

明治二十六、七年頃、三池祇園から大蛇山を学んで始まったのが大牟田祇園の四つのヤマである。三池の二つのヤマと合わせて、現在は「六山」と呼ばれている。近代石炭で発展した市街地のヤマだけに観衆も多く、大蛇の姿や衣装に至るまで独自の発展を遂げ、様々な要素をとり込み都市的なものとなっている。

現在は大牟田夏祭りで、これらの大蛇山に学んで始めたという新しいヤマも多数出てきている。「地域山」と呼ばれており、その数はこれからも増える可能性を秘めている。地域山に対して六山は「神事山」という言い方もされている。

〔福間裕爾〕

夏の厄除け・水難除け

［なつのやくよけ・すいなんよけ］

健康と安全を祈る

子供が主役の祭り

暑い夏、海や川で水遊びをする多くの子供たちを見かける。その一方、水難事故も多く、子供たちの尊い命が失われている。こうしたことがないよう、また病気などにかからず健康に育つよう、人々は水神などに願う。筑後地方では水天宮（久留米市）の瓢箪《ひょうたん》のお守りを首から提げ、安全を願うことが有名であるが、子供たちを中心とする祭りも行われる。

その一つが、糸島市二丈深江《にじょうふかえ》で行われる「深江川祭り」である。深江川祭りは、深江地区を中心に片山地区、松末地区を含む十五カ所で子供を中心として伝承されている。

七月第一土曜日、地区の公民館やお堂を籠もり堂とし、子供たちは翌日に作る祭壇の四隅に立てるための竹を切りにいく。竹の長さは一〇メートルを超え、現在では大人の力を借りて切り出すことも多い。また、この竹の先端に結び付ける幟《のぼり》もこの日のうちに作成する。幟は障子紙一枚に、「八大龍王川之神」と墨で書く。「八大龍王」は古くから水や雨乞いの神として広く信仰されている。

夕方、籠もり堂で食事をとるが、これらの食材や必要な経費も、子供たちが地区内の各家を訪ね、集めて回ったものである。その後、多くの地区で子供たちは籠もり堂で宿泊するが、以前は一週間ほど宿泊していた。また、竹の長さが他地区より勝るように、他地区の竹を切りにいっていたため、竹を切られないよう見張る当番を置いていた。

翌日の早朝、深江海岸や川のそばで祭壇づくりを行う。海岸での祭壇は、砂で一間四方の正方形で高さ五〇センチほどの土台を作り、四隅に竹を立て、注連縄《しめなわ》を巻く。また、祭壇横には長方形の張り出し部を設け、数本の小竹を立てる。なお、川べりで祭壇を作る場合はガードレールに結び付けるなどし、二本しか立てない場合もある。

上：深江川祭り（糸島市提供）。長さ10メートルを超える竹を立てる。竹は長い方がよいとされ，以前は他地区の竹をこっそり切りにいくこともあったという
左：八女市岩崎の子ども川まつり（八女市提供）。男女別々に飾り竹を用意し，川や堤などに運んで奉納する

祭壇づくりが終了すると、深江神社及び鎮懐石《ちんかいせき》八幡宮の神職による神事が行われ、その後、祭壇に用いた竹は引き抜かれ、子供たちが海に引き込む「竹流し」が行われる。竹流しが終了すると、深江ではこの日をもって海開きとなる。

また、八女市岩崎では「岩崎の子ども川まつり」が行われる。六月下旬から七月上旬の「サナボリ」（元来は田植えが終わった後に行う祭りのことだが、今は休日と解されることが多い。現在は七月上旬の休日を選んで行われる）の日に、中学三年生の男子、二年生の女子を頭として小さな子供から中学生まで参加するが、準備から当日まで男女別々に行われる。以前は氏神の宇佐八幡宮での祈願祭、薬師堂での百万遍の念仏会と合わせて三日間行われていたが、現在は川祭りのみとなっている。

麦藁《むぎわら》や菰《こも》で酒の肴（タコ）を模した

柳川市・沖端水天宮祭りの舟舞台囃子（柳川市提供）。6艘の舟を組み合わせて作った舟舞台の上で，子供たちが吊り太鼓や締太鼓，三味線，横笛を演奏する。別名「オランダ囃子」とも呼ばれている

ドンバラと酒樽を模したタゴを作り、それぞれを長さ一〇メートルほどの竹に一個ずつ結びつける。葉には子供たちの名前を書いた短冊を結びつける。これを男子は三本、女子は二本、計五本作る。当日、前日からお籠もりをした子供たちは、男子は宇佐八幡宮を、女子は公民館を出発し、地区中央で合流する。男子は「ワッショイ」の掛け声とともに川、岩崎大橋、薬師堂前の用水路に竹を運び奉納する。女子は「ワッサンワイ」の掛け声とともに堤、薬師堂に竹を運び奉納する。

このような子供の水難除けなどを主な目的とした祭りは、佐賀県玄海町牟《む》形《かた》で行われる「川祭り」、熊本県八代《やつしろ》市の悟真寺《ごしんじ》で行われる「河童まつり」や苓北《れいほく》町富岡の海岸で行われる「川祭り」などがあり、現在でも子供たちの健やかな成長を願っている。

水難防止でも知られる柳川市の沖端《おきのはた》水天宮では、五月三－五日に「沖端水天宮祭り」が行われる。同宮は文禄三（一五九四）年に柳川藩主の立花宗茂《むねしげ》（一五六七－一六四三）が建立したと伝わる稲荷社に祇園社を合祀し、さら水天宮を合祀したものである。その合祀の際に沖端の各町内は六艘の舟で作る台船の上に大型の舟舞台を設けて囃《はや》子《し》を奉納した。これが現在行われている舟舞台囃子の由来とされる。

正面と左右に御簾《みす》を下げた「三神丸」と呼ばれる舞台の上で、浴衣や法被を着た子供たちが吊り太鼓や締太鼓、三味線、横笛を演奏する。古典的な囃子に異国風の調子が混ざり合っているといわれ、「オランダ囃子」とも呼ばれている。

人形をくぐる

夏場は暑さなどで体調を崩すことがあるため、夏を、そして一年を無事に過ごせるように祈ることも多い。多く

の神社では茅《ちがや》を束ねて大きな輪を作り、その中をくぐることで無病息災を願う夏越《なご》しが行われているが、みやま市瀬《せ》高《たか》町上庄《かみのしょう》の八坂神社には人形の股をくぐって無病息災を願う「大人形」という祭事が残る。関ケ原の戦いにより領地を離れていた立花宗茂が、柳川に復した頃から始まったと伝えられる。

七月二十四日、八坂神社の御仮舎に二体の大人形が並べられる。一体は八幡太郎義家、一体は安部貞任《さだとう》もしくは安部宗任《むねとう》（一年ごとに替える）である。翌二十五日には境内に高く作られた筍山《たけのこやま》の上に移動する。人々は股をくぐりながら無病息災を祈る。

同様の祭りは、時期こそ異なるが、柳川市有明町の海童神社でも行われている。二月一日、藁で作った男女二体の大人形を鳥居に結びつけ、自分の年の数だけ八の字に回る。

［久野隆志］

上：みやま市・八坂神社の大人形（福岡県教育委員会提供）。人形の股をくぐり，無病息災を祈願する

下：柳川市・海童神社のわら大人形祭（柳川市提供）。男女２体の人形の間を年齢の数だけ８の字に回ると，悪疫が人形に乗り移ると伝えられている

盆踊り

〔ぼんおどり〕

音曲と踊りで祖霊を迎え送る

消えつつある古来の踊り

盆踊りは、盆に仏様をもてなすためだけでなく、地蔵盆などの祭り、村人の共同娯楽、秋の豊作祈願、雨乞いなどにも踊られる。かつて盆踊りはどこも熱狂的で、「盆の十三日にゃ踊り子がそろた　踊りゃ止めんばな夜明けまで」という調子であった。現在の踊りの傾向は、古来のものが消えつつあり、新作の○○音頭や炭坑節が広くとり入れられている。

遠賀《おんが》川流域は、川の長さ約六〇キロだが、多彩な盆踊りが見られ、大字《おおあざ》の範囲の所もあるが、さらに小さい集落単位で踊っている。もちろん、炭鉱でも踊った。ここでは、盆踊りが濃密に分布する遠賀川流域の伝統的な踊りについて述べる。

彦山川流域の踊り

修験《しゅげん》の山・英彦山《ひこさん》には「英彦山踊り」があり、英彦山神宮の神主さんも一緒に踊る。囃子《はやし》は笛・太鼓・三味線で、踊りはゆったりとして優雅である。歌詞の一節を挙げると、「一つや二つ三つや四つなる幼子《おさなご》が父母恋し」と七七五調である。この踊りの由来については、初代彦山座主《ざす》・助有法《じょゆうほう》親王以来京都との関係が深いので、都の手振り

添田町上中元寺の盆踊り。以前は初盆の家を１軒ずつ回り踊った

が入ったなどの説がある。

　英彦山山麓一帯で踊られているものに「松坂」がある。「歌詞・踊りはほとんど英彦山踊りと同じで、どちらがもとなのかわからない」といわれているが、筆者が見たところ、テンポなどが違う感じがする。かつては、田川市内まで広がっていた。

香春の盆踊り。初盆の家の前に花笠電灯を掲げ，その下で踊る。仮装した人の姿も見える。15日には香春町総合運動公園で盆踊り大会も開かれる

　彦山川・中元寺《ちゅうがんじ》川上流域に「ひよひよ」がある。歌い出しの歌詞は「ひよひよと鳴くがヒヨドリ　お池に住むがオシドリ　住むがオシドリ　お池に住むがオシドリ」である。この歌詞は中世歌謡の名残として、研究者が注目した。添田町落合、川崎町安宅《あたか》、嘉麻《かま》市桑野・小野谷・熊ケ畑・下平《しもびら》、飯塚市筒野などに広がっている。

　また安宅では、「しあのばしょ」がある。この名は思案橋（思案場所もある）のなまりで、田川市内でも踊られ小倉から来たといわれる。一節を挙げると、「天に七夕犬飼様よ川を隔てて恋召さる」と七七七五調である（後述）。

　川崎町米田《よねだ》には「傘踊り」があり、渦巻き模様の傘を持ち八木節で踊る。傘を一斉に広げて踊る様は見事で、近隣からの出張依頼がある。昭和十二（一九三七）年頃、この地に興行していた八木節本場の人から習ったものである。

　香春《かわら》の盆行事は面白い。初盆の家は、前の道路の上方に電線を引き、花笠電灯を提げる。夜になると、町内ごとにその下で盆踊りをする。仮装して踊る人もいる。十五日の町民盆踊り大会では仮装の表彰が行われる。歌は大体香春岳落城口説《くど》きである。田川一帯では口説きが多く、その代表的なものが鈴木主水《もんど》口説きで、石堂丸口説き・八百屋お七口説きなどがある。

遠賀川本流と犬鳴川流域の踊り

　遠賀川本流域では思案橋が主流で、歌詞は大体七七七五調であるが、歌も踊りもそれぞれ異なる。この歌は流域外の岡垣《おかがき》町の各所でも踊られ、歌詞は七

七七五調である。口説きも各地にあり、鈴木主水口説きが多い。

鞍手郡《くらてぐん》小竹町《こたけまち》では提扶利《てぶり》踊りがある。これは、弘化二（一八四五）年、小竹の俳人・霞耕庵竹嶺《かこうあんちくれい》（渕上仁七郎）の「小竹提扶利踊歌」に始まるもので、近隣に広がっている。

飯塚市口原《くちのはら》の浦島は直方の「日若《ひわか》踊り」の流れを汲むものといわれる。その日若の名は直方の産土神《うぶすな》・多賀神社を「日の若宮」と呼んでいたことによるという。日若踊りは思案橋と本手《ほんて》の二つがあり、本手は町ごとに手振りが違う。踊る時は大傘を差し、地方《ちかた》が太鼓・三味線の囃子で歌い、周りを華やかな衣装の踊り子が踊る。その姿は優美である。

上：直方市新町の日若踊り（福岡県教育委員会提供）
下：直方市植木・日吉神社の三申踊り

　直方市植木では、地方歌舞伎の一団として栄えた植木役者が、正月申《さる》の日に、巡業を打ち上げて植木に帰り、日吉神社の舞台で「三申《みさる》踊り」を踊った。

北九州市八幡西区野面の盆踊り（長泉寺にて）。観衆から踊りをほめる声が掛かると，地区の長老がお礼の言葉を返す。その間，踊り子は踊りを止め，しゃがんで聞いている

三申踊りには思案橋・次郎左《じろうさ》・七手《ななて》・本手《ほんて》があり、現在は保存会で継承され、抜群の踊りである。この踊りは、広い地域に影響を与えた。

犬鳴《いぬなき》川流域では宮若市脇田の吉次郎・おつたの悲恋物語・脇田口説きが踊られる。また、中間市・鞍手町あたりには「ほめ言葉」「返し言葉」の慣習があった。観衆から踊りをほめる言葉が掛かり、それに地方《じかた》がお礼の言葉を返す。その間、踊り子は踊りを止めしゃがんで聞く。現在は北九州市八幡西区野面《のぶ》に残っている。

河口の芦屋に行くと「はねそ」がある。この踊りは、他所が円形に進むのに対し、二、三列に並んで踊る。狭い道で踊るのでこのかたちになったとのことである。その名は時宗の念仏踊りがすそを跳ね上げて踊ったことからついたといわれるが、芦屋寺中の歌舞伎役者の影響もあるだろう。さらに、思案橋も踊る。

［香月靖晴］

芦屋町の「はねそ」。輪になって踊るのではなく，2，3列に並んで踊るのが特徴。狭い道で踊るため，このようなかたちになったという

盆綱【ぼんつな】

先祖の霊を地獄から引き上げる

祭儀的な性格を持つ綱引き

綱引きは、運動会などで盛んに行われてきたように、スポーツあるいはレクリエーションとして私たちに大変馴染み深い競技である。その一方で、綱引きはある種の祭儀的性格を持った年中行事としても各地に伝承され、その意義は競技としての綱引きと大きく異なる。

年中行事としての綱引きは全国で行われているが、なかでも九州には濃密な分布が見られる。それらは実施時期の違いによって大きく三つに区分できる。一つは九州北部の福岡県から佐賀県にかけての地域で、盆の行事として綱引きを行う。他の二つは熊本県北部地域と、熊本県中部以南の南九州一帯で、それぞれ小正月と十五夜（中秋の名月）に行っている。この差異がどう生じたものかは詳《つまび》らかでないが、盆綱引きは盆行事の性格をそのまま引き継ぎ、先祖供養や施餓鬼《せがき》との関わりで説明されることが多い。

また、小正月綱引きが年初の年占い、あるいは予祝の意味合いを持ち、十五夜綱引きが月と水と豊饒の観念に基づいて農耕儀礼的に行われるように、綱引きは各地域で特色ある伝承を見せている。

引き合う盆綱

福岡県下の盆綱引きは、八月十五日の精霊送りと前後して行われるものが多い。下臼井西《しもうすいにし》の盆綱引き（嘉麻《かま》市下臼井）は、八月十五日夜の盆踊りに続いて行われる。綱は藤蔓《ふじかずら》を束ねて芯にしたものに藁《わら》を綯《な》い込んだもので、長さ約二〇メートル、直径が三〇センチほどある。とぐろ状に巻かれた綱を皆で引き伸ばし、大人と子供、男と女など二手に分かれて引き合う。

綱引きは三回行うことになっているが、三度目は勝負がつく前に斧で綱の真ん中を切ってしまう。かつてこの行

福岡市西区草場の盆綱引き
（福岡市博物館提供）

事は、地獄の釜の蓋が開くとされた十六日に行われていた。綱を引くことで地獄から先祖を引き上げ、再び地獄へ引きずり込まれないよう綱を切ってしまうのだという。

同様の綱引きは他にも多く見られ、例えば小倉の盆綱引き（春日市小倉）も八月十五日の夕方、精霊送りをすませた後に行われる。藤蔓と茅《かや》の綱を大人と子供が引き合い、三度目に綱を鉈《なた》で切って終わるが、ここでも地獄の霊を引き上げるためとか、先祖の霊を引き止めるためとか言っている。草場の盆綱引き（福岡市西区草場）も八月十五日の夕方、太鼓の合図で集まった住民が藤蔓を絡めた綱を引き合う。ここでも三度目に綱を切って終了となる。

大入《だいにゅう》のかずら引き（糸島市二丈福井）は八月十五日午後に行われる。ここでも三度目の引き合いで綱の中央を鉈で切り、勝った方を仏組、負けた方を鬼組と呼んでいる。特徴的なのは直径四〇センチ、長さ三〇メートルほどの葛蔓《くずかずら》の綱で、綱引きが終わると子供たちが担いで海岸に運び、相撲の土俵として使われる。相撲は地獄から引き上げた仏様を喜ばせるといい、また津波から村を守るために綱を海岸に置いたのだとも言っている。

永谷の万年願《まんねんがん》盆綱引き（鞍手郡鞍手

大入のかずら引き（糸島市二丈福井。福岡市博物館提供）

町永谷）は、永谷村を開いた博多商人・白水幽心《しろうずゆうしん》が飢饉と悪疫に苦しんだ人々を救済したことにちなみ、村の続く限り行事をやめないことを誓う万年願として盆綱引きを始めたと伝えている。八月十四日の夜更け、上組と下組に分かれた青年たちが藤蔓で作った綱を真教寺山門前から一気に通りへと引き出し、人々が総出で綱を引き合う。綱引きの前には青年たちが地区のあちこちに移動しながら力水を浴びて激しくぶつかり合う。

こうした青年の押し合いは他の綱引き行事の中にもあって、田隈《たぐま》の盆綱引き（福岡市早良区野芥）では、四つの組に分かれた青年たちが肩車をして互いに押し合うのを「盆押し」といい、盆綱引きと交互に繰り返される。

引き合わない盆綱

盆綱の中には、綱が地区内を移動し

筑後市久富の盆綱引き（福岡市博物館提供）。全身に煤を塗り，黒鬼に扮した子供たちが，長さ20メートルほどの綱を曳いて町内を練り歩く

て回るものがある。須恵《すえ》の盆綱引き（糟屋《かすや》郡須恵町須恵）は八月十五日の子供の行事で、藤蔓、藁、真菰《まこも》で作った綱を引き合うが、その前に綱を持って家々を回る。これは先祖の霊を綱に乗せ集め、綱引きで綱を切ってあの世へ送るのだと説明されている。また、久富《ひさどみ》の盆綱引き（筑後市久富）は、全身に煤を塗り、腰蓑をつけて角に見立てた縄を頭に巻いた子供たちの姿でよく知られている。これは直径三〇センチ、長さ二〇メートルほどの綱を曳いて地区内を回る行事で、綱を引き合うことのない綱引きである。地獄から亡者を引き上げて供養する行事だと説明され、子供の姿を地獄の釜の番人に見立てている。かつて綱引きが終わると相撲を取っていたといい、今でも綱で土俵だけは作っている。

西浦のかずら引き（福岡市西区西浦）は、かつては綱を引き合っていたが、今では引き合うこともなければ、持ち上げることさえなくなっている。八月十六日の夕方、子供たちは広場に積まれた葛蔓を地面で転がすようにしてひねりを入れる。転がし終わるたび、頭に藁角をつけた鍾馗《しょうき》大臣と呼ばれる青年が、手に持った暖竹《だんちく》で子供たちの背中を叩き災厄を祓う。これを三回繰り返してかずら引きは終わる。それはあたかも、その後行われる子供相撲の準備のようでもあり、西浦で相撲がより重視されていたことをうかがわせる。

福岡市西区西浦のかずら引き（福岡市博物館提供）。ひねりを入れるだけで引くことはしない

*

こうした綱引きの多様性は、盆綱が仏教的な地獄と供養をめぐる語りによってのみ説明されるわけではなく、その形状から連想される龍蛇のイメージや、相撲や押し合いといった他の競技との関連性、あるいは平穏を願う除災的機能などが複雑に絡み合った存在であることを示している。　［松村利規］

施餓鬼

［せがき］

非業の死を遂げた人々を供養する

施餓鬼とは

餓鬼のために飲食を施す法会を施餓鬼、あるいは施餓鬼会ともいう。「仏《ぶっ》説《せつ》救《ぐ》抜《ばつ》焔《えん》口《く》餓《が》鬼《き》陀《だ》羅《ら》尼《に》経《きょう》」に由来し、生前に悪行を働いたために餓鬼道に落ちた者は、餓鬼となって常に食を求めてさ迷い苦しむので、生前から善根を積んで布施《ふせ》を行うのが本来の施餓鬼である。

平安時代から寺院を中心に行われていたが、民間では、事故・災害などで非業の死を遂げた霊に対する鎮送・慰撫の儀礼としての意味合いが強い。お盆（正式には盂蘭盆会《うらぼんえ》）が家々の先祖供養であるのに対し、施餓鬼はお盆の前後に特定の日を定め、常設の仏壇とは別に、施餓鬼棚を設けるのが特徴である。

飢え人地蔵祭りと大浜流灌頂

飢《う》え人《にん》地《じ》蔵《ぞう》祭りは八月二十三日から二十四日に博多区中洲の飢え人地蔵で行われる。由来は、享保十七（一七三二）年と翌年の大飢饉での死者供養による。享保の大飢饉では福岡藩領内で死者九万六千人、博多市中では人口の約三割にあたる六千人の餓死者を出したと伝える。飢え人地蔵は当時あちらこちらで行き倒れになった無縁仏を弔うもので、近くの上川端町が施主となって参詣者に飴湯を接待し、施餓鬼供養の小さな米袋を海に流す。地域民だけでなく、行きずりの人も戒名を書いて志を添えれば、供養に加えてもらえる。博多では新盆を迎えた家々が供えた提灯をこの祭りに寄進する習慣がある。夜は博多川へ千灯明《せんとうみょう》を流し、博多の夏の風物詩の一つとなっている。

大浜流灌頂《おおはまながれかんじょう》は八月二十四から二十六日まで、博多区大博町と神屋町の一部（旧大浜地区）で行われる。この行事は、宝暦六（一七五六）年、博多湾に荒れ狂った暴風雨により多くの死者が出た時の供養が始まりと伝える。当初は、竪町浜《たてちょうはま》の大師堂で行われてい

大浜流灌頂の武者絵大灯籠（福岡市博多区。木下陽一氏撮影）

たのが、その後、東長寺の管理となり、東長寺の僧侶が出向いて供養することが現在でも続いている。『筑前名所図《ちくぜんめいしょず》会《え》』には、旧暦七月二十五日の流灌頂の法事では、偶人《ぐうじん》（人形）様の見世物が出され、盆の賑わいと変わらなかったと記されている。最終日の二十六日夜、以前は博多港から、読経とともに米などを入れた施餓鬼袋を流していたが、最近は土に埋めている。この期間中に町内ごとに立てられる武者絵の大灯籠は名物で、福岡県の有形民俗文化財に指定されている。この行事で博多の夏祭りは終わりを告げる。

福岡県内では他に、飯塚市天道《てんとう》の円満寺のお施餓鬼がある。円満寺檀家の先祖供養で、毎年八月十六日に行われている。円満寺から穂波川に運ぶ大小二つの精霊船とそれに随行する松明《たいまつ》行列、万灯流し、花火大会があり、近隣の人々が大勢集まる、この地域の最大の祭りとなっている。［吉田修作］

星野村・麻生神社の風流・はんや舞（木下陽一氏撮影）

秋

収穫の喜び

八朔のお節供

［はっさくのおせっく］

稲の成長、子供の成長を祈る

豊穣祈願

筑後地方の俚諺《りげん》に、「正月三日　盆二日　八朔節供はただヒシテ」というのがある。ヒシテは一日だけの意。正月休みは三日で、盆休みは二日、八朔節供は一日の休み、というのである。

八朔は陰暦の八月朔日《ついたち》。五節供に加えられていない八朔が、ここでは正月・盆に次ぐ節日《せちび》となっている。注目されるのは、二十四節気七十二候で、七月の中《ちゅう》に当たる処暑の三候に「禾乃《いねすなわち》登《みのる》」と稲の穂出しの時期が示されていることである。八朔に近い。出穂した稲がつつがなく成長することを祈るのが八朔節供であった。

現在ではほとんど見られなくなったが、この日の早朝、農家の主人が酒を携えて自分の持田に行き、「よう出けた、よう出けた」と唱えながら酒を注いで回った。「田誉め」という。唱えことばのようになって欲しいと願う豊穣祈願の予祝行事である。嘉穂《かほ》郡と福岡市東部で七夕に行う所があったが、こちらは「虫封じ」の行事だった。

八朔には今一つ、風止め祈願がある。二百十日が近いだけに、各地の神社で風止め籠もりをして奉賽物《ほうさいぶつ》を供えたり、奉納行事を行ったりしている所が多かった。「八朔祭り」と呼んでいた。田誉めも風止め祈願も、稲の穂出しの時期に行われる「作頼み」である。

節供飾りと贈答慣行

■サゲモン

八朔のお節供は稲作と関係のない商業都市や海運基地などにもあった。代表的なのが博多の八朔節供で、「タノミヒキ」「竹の祝い」などと呼び、子供の初節供を祝う日であった。女児の場合は雛飾りが三月節供の方に移って、八朔は男児の節供になっていた。

初節供を迎える家では、前の晩から笹竹に「サゲモン」を吊るしたものを何本も作って座敷に飾っておく。サゲモンは親類・縁者から八朔祝いとして

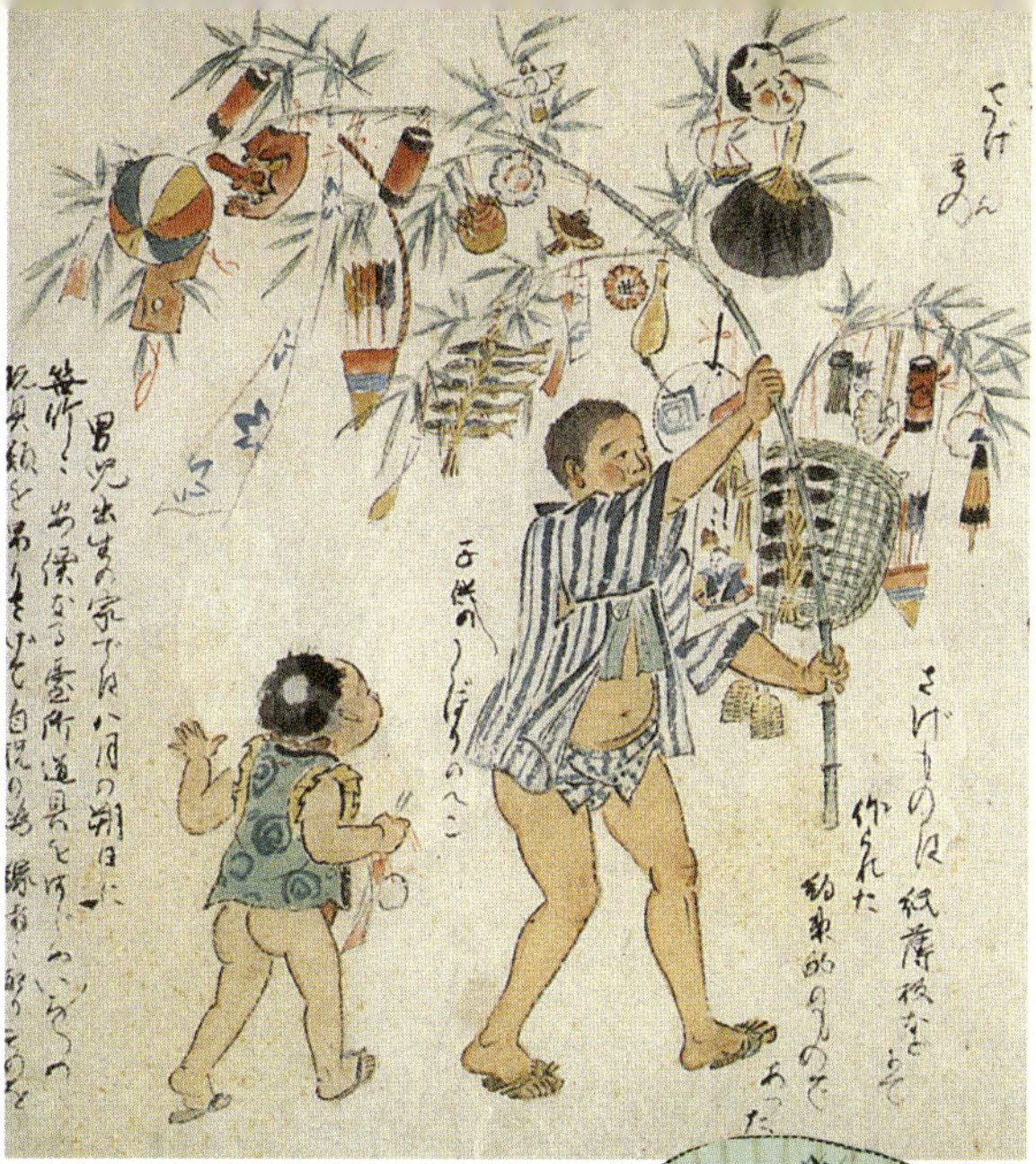

左：博多町家ふるさと館（福岡市博多区）に展示されている八朔行事の復元模型（2010年３月現在）
上：祝部至善「博多明治風俗画」より「八朔のさげもん」（福岡市博物館蔵）。笹のサゲモンを親戚や近隣の人々に配って回った
右：サゲモンにつけて配る団扇。羽織袴を着て，両手をついてお辞儀をしている子供の姿が描かれている

贈られたもので、薄板で作った宝船・福良雀《ふくらすずめ》・提灯・刺し鯖・茄子などのほか、張子面・仁和加《にわか》面、紙で作った小型の渋団扇《しぶうちわ》・扇子・弓矢・大福帳・法被《はっぴ》、「八朔御祝儀」と書いた短冊、それに米の粉をこねて菊・鯛・蛸などの形に拵えた「タネガシ」と呼ぶ菓子等々。サゲモンを取り付けた笹竹のうち大きいものを床柱に結いつけ、初節供を迎えた子供をゴハンヌクメ（イグリ）に入れてその下に据えておくと丈夫に育つといわれていた。

　翌朝、笹のサゲモンを近くの親戚や近隣に配って回る。一枝を折って配る所もあれば、笹竹のまま配る所もあった。サゲモンのほかに米あげショウケ（楕円形のザル）・バケツ・鍋・シャモジなどの台所用品、子供の名前を記したお札紙に八朔団扇を添えるのがしきたりであった。お札紙・団扇とも、裃を着け両手をついてお辞儀をしている子供の姿が描かれ、名前を記してあるのが「よろしく頼みます」という挨拶を意味している。

古くからの贈答慣行には、他所から物をもらうのは福を授かること、他所に物を配るのは厄の分散という感覚があった。親戚・近隣に配った笹飾りの残りは近所の子供が取り合い、裸になった笹竹は川に流していた。厄祓いである。

こうした博多の八朔節供を見ていると、そこに農村習俗の都市型受容が現れている。一つは稲穂の成熟を子供の成長に転化させていること、今一つは農作物の災害除けを人々の厄除けに結び付けていることである。また、タノミヒキという言い方には、稲の穂を表す「田の実」が、「頼み」に転訛されていて、「作頼み」が「子頼み」になっている。笹飾りに添えて配る物も炊飯に関わる台所用品である。

そして今度はそうした都市型受容が「ハカタウツシ」として周辺の農村に逆輸入されることになった。生産物の流通や祇園山笠の山舁き加勢などで博多と交流のあった近隣農村では、博多と同様な笹飾りを拵えて子供の初誕生を祝い、飾り物を近所に配ったり、神社の境内に持ち込んで子供たちにサゲモンを取らせたりする「タンザクトリ」が広く分布していた。

■八朔馬とダゴビイナ

八朔の誕生祝いと節供飾りは、筑前南部の商業地であった朝倉市甘木や、筑前領の東端で、海運基地となっていた遠賀郡《おんが》芦屋町にも見られた。

万事に「ハカタウツシ」の見られた甘木では、軒先に笹飾りを立てたが、甘木役者もいて芸事の盛んな所だっただけに、サゲモンに歌舞伎役者の似顔絵を吊していた。

芦屋町のものは瀬戸内との交流が顕著で、八朔馬とシンコ細工に特色を見せている。芦屋町では初節供を迎える子供の家で、前の晩から男の子には藁《わら》馬《うま》を、女の子には米の粉でダゴビイナ(団子雛)を作り、笹飾りとともに床の間に飾っておく。藁馬には紙で作った武者人形を乗せ、武将の名前を記した旗差物を馬の尻に立て、五十体から百体ぐらい作る。ダゴビイナは米の粉を蒸してこね、人形や魚・果物・野菜・花・鳥などの形に拵えて、食紅で色付けしたものを雛壇に並べて飾る。

八朔の日には朝早くから近所の子供たちが藁馬やダゴビイナをもらいに来る。親類・縁者には、餅・饅頭に馬や雛の絵を熨斗《のし》としてつけて配る。もらった家では熨斗絵を床の間に飾って厄除けとする。

子供の初節供を祝う八朔飾り、贈答慣行は豊前・筑後地方にも見られたが、現在では県内で古くからの伝承を維持しているのは芦屋町だけとなり、福岡市とその周辺で部分的にそれが伝えられているに過ぎなくなっている。

［佐々木哲哉］

芦屋町では，男児の家では藁で編んだ藁馬（上）が，女児の家では米の粉で作った人形や花飾りのダゴビイナ（左）が飾られる（芦屋町提供）。下２点は贈答用の餅・饅頭につけられる熨斗（福岡県教育委員会提供）

宮座
［みやざ］

失われつつある祭りの原点

献供侍座の祭り

宮座は村の社に神をねぎらいもてなすための座を設け、供物を捧げて祈願・感謝をこめる儀式で、中世村落にその源流が見られる。歌舞音曲に様々な意匠を凝らした芸能や、きらびやかな神幸行列で見物人を集めて楽しませる祭礼行事とは異なり、宮座は氏子だけの、それも一定の限られた資格を持つ人たちが身を慎んで神前に侍り、供物を献じる「献供侍座《けんくじざ》」の祭りとして伝えられてきた。

福岡県は全国的に見て最も濃密な宮座の分布地帯であり、一村一社の例祭を、神幸祭以外はほとんどが宮座の形式で営んできた。例祭には春の豊穣祈願と秋から冬にかけての収穫感謝の祭りがあるが、宮座はその年の新穀を供える陰暦九月と十一月の収穫感謝に中心が置かれ、九月をクニチ祭り、十一月を霜月祭りと呼んできた。

ジンガとトウバ

宮座の古いかたちでは、それを勤める者は、名主《みょうしゅ》層や同族集団の本家など特定の家筋に限られ、それらが世襲制をとって、ジンガ（神家・神課などと表記）・ジガン・神座・宮座連中などと呼ばれ、その中から輪番で毎年の宮座を勤めるトウバ（当場、座元ともいう）が出ていた。江戸中期以降にそうした神事的特権が崩れて、一般の氏子も参加できるようになり、組単位でトウバを引き受ける所が多くなっている。

トウバの役目はその年の神田の耕作から、神饌《しんせん》の調製、斎場の舗設、儀式の進行一切で、組単位の場合は組内から輪番でトウバが出る。このうち重要なのが神饌の調製で、宮座の前日、トウバの家に御幣《ごへい》を依代《よりしろ》として神霊を迎え、宮座の全員（組単位の場合は組内の者）が集まって、餅・御供《ごく》その他の供物を準備し、床の間の神霊に供え、神拝をして内宴を催す。内座《うちざ》という。

トウバの家に神を迎えるのは、村内に神の宿を設けて巡幸してもらう神幸祭以前の古いかたちであろうといわれている。トウバは、そのために畳や障子・襖の張り替えなどで家内の清めをする。福岡県内で聞かれるジンガ（神家）という呼称は、神の宿となる家を端的に示した表現といえよう。

御食と神酒

神饌は食物と酒とからなるが、各地でそれぞれ特色を持ったものが見られる。普遍的なのが、御食《みけ》では飯盛りの御供、饌米・餅・魚・野菜（根菜・葉菜）・季節の果物・塩などで、神酒《みき》には甘酒と辛酒とがある。

収穫感謝の宮座では、新穀で調製したものと、季節の野菜に海のもの、山のもの、調味料ということになるが、特色の現れるのは御供と餅、神饌の飾り付けである。御供は新穀で炊いた飯

各地の神饌（供物）
左：薄く楕円形に伸ばした餅を数枚重ねて藁で括った「牛の舌餅」と飯盛り・枝豆・栗の神饌（田川市金国・大祖神社）
左下：福岡市西区能古島のモリモン。柿・栗・蜜柑を竹串に刺して盛りつける独特のもの
下：御供苞（太宰府市水城・老松神社）。円錐形に盛り上げた飯を藁苞に包んで先端を括る

を木地椀や土器《かわらけ》に高く盛り付けたり、円錐形に盛り上げたものを藁苞《わらづと》に包んで先端を括《くく》ったりする所があるが、高盛御供は穀霊を意味している。餅も新穀の糯米《もちごめ》で搗いた鏡餅のほかに、薄く楕円形に伸ばしたものを数枚重ねて藁で括り、「沓型餅《くつがたもち》」とか「牛の舌餅」と呼んでいる所がある。果物では、季節ものの柿・栗・蜜柑を竹串の先に刺して、大根葉（近年は水芋の茎など）を円筒形に束ねた台に盛り付けた福岡市西区能古島《のこのしま》の豪華な「モリモン」が一際目につく。これに似た小型のものは福岡市内にも散在している。

神饌で変わったものに福岡市城南区・鳥飼八幡宮の「幣《へい》ふぐり」があった。新米一升を二つに分け、五合ずつを奉書に包んで上部を麻苧《あさお》で括り、それを二本の竹に挟んで根元を奉書で巻き、先端に御幣《ごへい》を取り付ける。「ふぐり」は睾丸で男性の性器を表し、これを収穫祭の神饌に添えるところに、新穀に

3

4

新たな生殖機能を付与して翌年の豊作に繋ごうとする意図が表れている。昭和四十七（一九七二）年に消滅したが、類例は筑後・豊前地方にも散在していた。

宮座儀礼とトウ渡し

宮座当日、トウバから神饌が神社に運ばれ、参列者が座に着く。祭典は神職による修祓《しゅばつ》・開扉《かいひ》・招神・献饌・祝詞《のりと》奏上・玉串奉奠《たまぐしほうてん》と続き、終わるとただちに撤饌、一同座に着いて神酒を頂く。御食の一部を加えることもある。神に供えたものを神とともに頂く相饗《あいなめ》で、その後にトウバが交代をする「トウ渡し」がある。今年と翌年のトウバが向かい合って盃を交わし、祭帳を譲り渡す。これまでが正式な宮座儀礼で、後は無礼講の直会《なおらい》となる。直会は「ナオリアイ」で、儀式（ハレ）を終えて日常（ケ）の状態に戻るのを意味して

いる。神酒が燗酒に変わり、贄《ぜい》を尽くした献立の膳部が出される。

ここに記したのは標準的な流れで、宮座の座位、献饌と撤饌、相饗とトウ渡し、直会の献立などには各地で個別的な相異が随所に見られる。特筆すべきものに種籾《たねもみ》を翌年のトウバに引き継ぎ神田に撒く、宗像市平等寺《びょうどうじ》・白鬚《しらひげ》神社などの穀霊継承儀礼がある。

また、朝倉市黒川・高木神社では、トウ渡しの時に饌米を少量土器に取って木箱に入れ、藁苞で包んで幾重にも縄をかけ、藁でくるんだものを神木に括り付けておき、翌年の宮座の前日、藁苞を切り開いて饌米を取り出し、その年の新穀に混ぜて御供蒸しをする。「オミト様」という。これも穀霊継承を意味している。

祭りの原点ともいえる宮座も、現在では村落共同体の崩壊とともに、各地で簡略化され、消滅に瀕している。

［佐々木哲哉］

1

2.

上4点の写真は，宮座儀礼の標準的な流れを追ったもの。1献饌（添田町・高木神社）。神前に神饌を献上する／2祝詞奏上（筑紫野市・若八幡宮）／3相饗（田川市・大祖神社）。神に供えたものを，神とともに頂く／4トウバの交代式である「トウ渡し」（添田町・高木神社）

右：オミト様。饌米を木箱に入れ、藁で包んだもの。翌年の宮座の前日，この饌米に新米を混ぜて御供蒸しをする

風流

［ふりゅう］

太鼓・鉦を打ち、歌い踊り、収穫に感謝する

風流とは

「ドン キャン、ドン キャン、ドン キャンキャン」

笛・鉦《かね》（鐘）・大太鼓・小太鼓などの囃子《はやし》に合わせて、色鮮やかな衣装を纏った踊り手が所作を繰り広げるこの秋祭りは、「フウリュウ」「フリュウ」と呼ばれ、佐賀県一帯や筑後平野を流れる矢部川、沖端《おきのはた》川、筑後川の両岸を中心として広く分布している。主に筑後では「風流」、佐賀県一帯では「浮立」の字が多く使われている。

　またの名を「ハンヤ舞」「ニンジュベイ」「ヤーホンハー」ともいい、太鼓と鉦の音が「ドン キャンキャン」と聞こえることから、「どんきゃんきゃん」とも呼ばれ親しまれている伝統行事である。これは雨乞いと五穀豊穣を祈って春に行う「御願立て」に対する「御願成就」「収穫感謝」のお礼として奉納される秋の祭りである。

　筑後における風流は、「ジンガ」と呼ばれる特定の家筋の中から座元が選ばれ、座元の指揮で祭りが執り行われる。秋祭りは「おくんち」に集中しており、それに付随して風流が行われる。

　筑後の風流といえば、鉦と大太鼓である。太鼓をご神体とし、太鼓の上部に御幣《ごへい》を挿しているのが特徴である。太鼓を叩く者は、赭熊《しゃぐま》（植物や馬などの毛で作った被り物）を頭に着けるが、豊前では赭熊が白・茶色で、毛を逆立てたものが多いのに対し、筑後では赤・白色で頭から長く垂らし、上部が河童の頭のように皿状になっているものや、角が生えているものもある。

　もう一つの特徴は「お謡い」である。神事や演目中など様々な場面で歌われ、謡は恋歌から和歌集の一部をとったものまで幅広い。

地域的な差異

　筑後東部に位置する星野村の麻生《あそう》神社で奉納される「風流・はんや舞」や、矢部村神岩屋地区の八女津媛《やめつひめ》神社で奉

上：星野村・麻生神社の「風流・はんや舞」は，太鼓の奉納（本章扉写真参照）と扇舞とで構成されている（木下陽一氏撮影）

右：風流・はんや舞では新発意（左端の少年）が，白い赭熊を着けた太鼓叩きや鐘打ちの子役らを指揮する役目を担う。新発意は僧装束で，神仏習合時代の名残を伝える

納される「八女津媛神社の浮立」では、白い赭熊を着けた太鼓叩きの他に「シンポチ」（新発意・真法師）と呼ばれる存在がいる。新参者やお寺を継ぐもの、という意味を持つ「シンポチ」は、僧装束で、月・太陽・卍が刻まれた唐《とう》団扇《うちわ》を持ち、太鼓叩きや連《むらし》（小太鼓打ち）やチンカン坊主（鐘打ち）といった子役を指揮する役目を持つ。この辺りは阿蘇の山伏が峰入りを行っていた場所ともいわれ、儀礼の過程に神仏習合時代の名残が色濃く残っている。

柳川市やみやま市を中心とした風流では、赤い赭熊を着けた太鼓叩きが登場する。太鼓はご神体とされ、男女どちらかの着物、または布や座布団で飾りつけ、そこに色御幣《しきごへい》（五色《ごしき》の幣）を立てる。その姿はまるで人が座っているかのようだ。この風流の形態は、『鷹尾文書』によると、鎌倉時代にはすでに恒例となっていたと思われる。

風流とともに大名行列が奉納される

所もある。黒木町田代地区の八龍《はちりゅう》神社で奉納される「田代風流」は、安永二（一七七三）年、柳川藩主・立花鑑《あき》通《なお》公が八龍神社の再建を命じた際に、自ら大名行列を仕立て、風流を奉納したのが始まりとされる。この行列を先導する男女のはさみ箱は、ユーモラスな囃子や動作で祭りを盛り上げ、沿道の人々の笑いを誘う。

みやま市瀬高町・廣田八幡宮のどんきゃんきゃん（福岡県立アジア文化交流センター提供）。太鼓に着物を着付け，上部に御幣を挿し，人のような形に仕立てている

神功皇后伝説と風流

筑後は多くの神功《じんぐう》皇后伝説が残る地域である。伝承によると、神功皇后は朝倉市北部にいたとされる羽白熊鷹《はじろくまたか》を征した。その後、山門県《やまとのあがた》にいたとされる土蜘蛛《つちぐも》・田油津媛《たぶらつひめ》を討つために筑後川を下り、水路・海路にて矢部川を上り、鷹尾の地（柳川市大和町）に上陸

廣田八幡宮のどんきゃんきゃんでは，風流とともに大名行列が奉納される。行列を先導するはさみ箱が歌う唄はユーモラスで，沿道の人々の笑いを誘う

柳川市大和町・鷹尾神社の風流。神功皇后が土蜘蛛・田油津媛を討つためにこの地に上陸した際，住民が舞曲で歓迎したと伝えられている。これが，鷹尾神社の風流（破牟耶舞）であったという

した。その時、住民が舞曲を奏して歓迎したのが破牟耶舞《はんやまい》（鷹尾神社の風流）であったという。こうして田油津媛は、みやま市瀬高町の女山《ぞやま》の麓の地で神功皇后によって征伐されたといわれる。

矢部川下流域では、伝説と関係して、神功皇后を祭神とする聖母宮《しょうもぐう》が多く存在する。瀬高町・廣田《ひろた》八幡宮の「本郷・文広《あやひろ》のどんきゃんきゃん」は、八幡宮の祭神・応神天皇が、母・神功皇后のいる聖母宮へ年に一度会いに行く祭りとして語り継がれ、風流が奉納される。

祭りと人々

祭りの日、人々はお酒を酌み交わし、祭りや作物の出来具合、家族、幼い頃の思い出、時には男女の話まで語り合う。祭りは、生きるための知恵や生活のための情報交換の場にもなっている。モノがなかった時代、祭りは人々にとって「おごっそう」（ご馳走）が食べられる特別な日であった。子供が多かった時代、祭りに出ることは誇りであり、家の名誉であった。ある地域では、祭りには特定の家筋や長男のみしか参加できなかったそうだ。中には、くじ引きや体格の良し悪しで参加する子供を決めていた地域もある。

急激な社会環境の変化は、祭りの継承を難しいものにしているが、「祭りがあるけん今の自分がある」と、ある若者は語った。子供たちは大人との関わりの中で人間関係のあり方を学び、大人たちは祭りを通して子供たちの成長を見守ってきた。

「祭りに育てられ、祭りに生き、故郷を生きる」

風流の音からそんな声が聞こえた。

［河口綾香］

放生会【ほうじょうえ・ほうじょうや】

万物の生命を慈しみ、殺生を戒める

秋の訪れを告げる神事

秋祭りの代名詞として各地の神社で開催される放生会は、本来は鳥・魚を自然に帰す法会のことで、仏教の殺《せっ》生戒《しょうかい》に基づくものといわれている。

神社の放生会は、養老四（七二〇）年の隼人《はやと》征伐の後、犠牲者の霊を慰めるために宇佐神宮で始まるといい、その後、石清水八幡宮をはじめ各地の八幡社に広がる。

神事としては、旧暦八月十五日に行われていた。明治の神仏分離後は、仲秋祭と呼ぶようになった。しかし、県内八幡宮では放生会の名前が依然使われている。また、神社の大祭として行われることが多く、地域性もあるが、民俗芸能の奉納や種々の祭礼行事を伴う。そのため、年中で一番の賑わいを見せ、地域の代表的な祭りとなっている。

古態を残す御神幸

筥崎宮（福岡市東区箱崎）の放生会《ほうじょうや》は、全国的に知られる行事であるが、二年に一度、期間中の九月十二日から十四日にかけて神幸祭が行われる。古くは博多夷《えびす》町の頓宮《とんぐう》（現在の下呉服町・沖浜恵比須神社か）まで、海上渡《と》御《ぎょ》を行っていたが、天正年間（一五七三－九二）、戦乱による頓宮炎上により廃絶、元禄十四（一七〇一）年に再興したと伝えられている。

行事は、九月一日の注連《しめ》卸《おろ》し・神輿《みこし》潔めに始まり、十二日の午前三時、初日祭の祭典に続き神輿への神霊遷しが行われる。お下りは、同日夕刻に本宮を発御、三体の神輿が清道旗・八ツ旗などに先導されながら、獅子・幣帛《へいはく》などの供奉《ぐぶ》を従え、奏楽を伴って氏子地域を巡幸、箱崎浜頓宮に遷御する。神輿は、翌十四日夕刻にお上りを始める。お下りとは逆の巡路をとって旧箱崎村内を巡幸し、本宮に戻るが、最後は勇壮な走り込みで神幸行事の幕を閉じる。この神幸祭は、夜間に執り行われるというところに古態を残すほか、行列も江戸時代のかたちをほぼ残すなど、民俗学的にも貴重である。

華やかな大名行列と山笠

若宮八幡宮（宮若市水原）の放生会《ほうじょうや》（秋の大祭）で、二年に一度、十月に福丸の日吉神社まで御神幸を行う。この時、最も沿道の人たちの目を引くのが大名行列で、独特の身振り足さばきで進む姿は祭りの雰囲気を盛り上げる。この大名行列は、筑後地区の神社の指導を受けて戦後復活したものといわれている。

　また、江戸時代から始まる山笠は現在も健在で、その上では子供たちが、笛・三味線に合わせて締太鼓を打つ太鼓打ちが要所で行われる。祭りの最後を飾る追い山も行われて、この地域では最大の祭礼である。

福岡市東区・筥崎宮の神幸祭（福岡市提供）

傀儡子舞と神相撲

　八幡古表神社《はちまんこひょう》（築上郡吉富町小犬《こいぬ》丸《まる》）では、四年に一度、八月上旬（祭礼日は潮の具合で決められる）に夏季大祭（放生会《ほうじょうえ》）が行われる。この時に奉納されるのが「神舞」（細男舞《くわしおのまい》）と「神相撲」である。

　当日は昼間に海上で放生の儀が執行される。起源は、『八幡古表神社縁起』によると、養老三（七一九）年、隼人の反乱の時、官軍と宇佐神宮はともに戦い勝利したが、宇佐神宮では滅ぼされた隼人鎮魂のために放生会を催した。その際、八幡古表神社と大分県中津市の古要神社が二隻の船を出し、船上で傀儡子《くぐつ》を舞わせたという。それが、後に古表神社独自で行うようになった。

　当日は境内の御神殿に幕を張り、大太鼓・笛・バチの囃子《はやし》に合わせ始まる。神舞（細男舞）は、「御鉾《おんほこ》の舞」「御神《ごしん》歌《か》」「八乙女《やおとめ》の舞」からなる。続いて神相撲は、まず四方柱を守る四太夫《しだゆう》・行司が出場して始まる。最初は勝ち抜き戦で、小兵の住吉大神が勝つが、住吉の神に五神が次々と飛びつく「飛び掛かり相撲」、十一神が同時に押す「押し合い相撲」があり、住吉神の強さを見せつけ、海上・漁労の神である吉富町・八幡古表神社の神相撲。同社では，傀儡子（木彫りの操り人形）を操り，神舞と神相撲が演じられる。写真は，海上・漁労の神である住吉神が東の神11神と１対11で相撲をとる押し合い相撲

住吉神の神威を強調している。

御舞人形は両手が二本の糸で、相撲人形は両手、片足の付け根が三本の糸で動く。舞神の衣装は、毎年八月六、七日の乾衣祭《かんいさい》（おいろかし）で虫干しが行われる。ともに素朴な動きではあるが、古来の神事、中世の傀儡子の形態や芸能を考える上で特に重要な操り人形である。

独特の操法を伝える灯籠人形

福島八幡宮（八女市本町）の放生会《ほうじょうえ》で毎年奉納される「八女福島の灯籠人形」は、全国的にも数少ないからくり人形舞台である。旧暦八月十五日を中心に行われていたが、現在では、九月秋分の日を中心に行われている。起源は、延享元（一七四四）年に人形の灯籠を奉納したのが始まりとされる。人形に動きがとり入れられたのは明和九（一七七二）年で、元福島組の大庄屋で浄瑠璃作者の松延甚左衛門が上方のからくり技法を伝えたという。その後、久留米のからくり名人・田中儀衛門の創案により、現在の間接操作になったと考えられている。

舞台は、下遣い場、横遣い場、囃子《はやし》

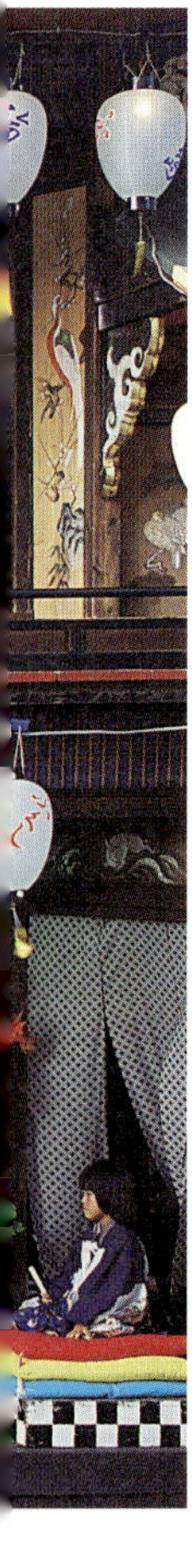

八女福島の灯籠人形。舞台下の下遣い場では６人体制で人形を操作する（左は木下陽一氏撮影，下は筆者撮影）

場の三層（二階建て）の仮設屋台で、一本の釘や鎹《かすがい》も使われていない。人形の操作は、下遣い人形は六人で床下から糸で操作、横遣いは舞台両翼それぞれ六人ずつで細い竿を押したり引いたりして操作する。人形は高さ数十センチで、体の関節部分は鯨の髭をバネに利用するなど、動きをスムーズにする工夫が見られる。囃子方は二階に連座し、三味・太鼓に合わせ地唄風の長唄を歌う。現在演じられている外題は、「玉藻《たまも》之《の》前《まえ》」「筑紫《つくし》潟《がた》名島《なじま》詣《もうで》」「吉《よし》野《の》山《やま》狐《きつね》忠信《ただのぶ》初音《はつね》之《の》鼓《つづみ》」「薩摩隼人国若丸」で、四演目を毎年順番に演じている。

放生会は、本来神事であり、その一環として民俗芸能の奉納も行われたものであるが、現在では、娯楽とともに季節の節目の行事としての性格も持ち、日常生活の中に自然に入り込んでおり、地域やふるさとを感じさせてくれる大きなファクターともなっている。

［長谷川清之］

秋の神幸

［あきのじんこう］

御祭神が守護する地域を巡る

御神幸とは

神幸は「みゆき」とも読み、御祭神の渡御《とぎょ》を中心とする祭事である。御祭神がその鎮座する社《やしろ》を出て、氏子の町内を練り歩いたり、頓宮《とんぐう》に渡ったりする。この祭りが秋に行われる時、それは、収穫の感謝の気持ちを込めた祭りであることが多い。また一般的に、御祭神に感謝するための奉納芸能が行われる。

福岡県下には志賀海《しかうみ》神社の神幸行事（福岡市）、綱分《つなわき》八幡宮の神幸祭（飯塚市）、北野天満神社の神幸祭（久留米市）、多賀神社の神幸祭（直方市）など、福岡県の無形民俗文化財に指定された秋の神幸祭がある。ここでは、昭和三十六（一九六一）年に指定を受けた太宰府天満宮の神幸式を例に、その祭りの様子を見てみる。

太宰府天満宮の神幸式大祭

太宰府天満宮の神幸式大祭は康和三（一一〇一）年、大宰権帥《だざいのごんのそつ》・大江匡房《まさふさ》が夢で得たお告げにより始めたといわれる。御祭神・菅原道真の往時を偲び、その心を慰めるために、また、五穀豊穣を感謝するために行われる大祭である。

この祭りは、八月中に氏子六町のうちから当番町の人々が集まって、神幸式に使われる一ノ注連《しめ》・二ノ注連・三ノ注連と、斎垣《いがき》鳥居・榎社行宮《えのきしゃあんぐう》・浮《うき》殿《どの》の注連縄を奉製する「注連打ち」と、八月の最終日曜日に行われる「注連打ち奉納相撲」から動き始める。九月一日には「お注連立ての儀」が早朝より執り行われる。これは御祭神の行宮のある榎社周辺の決められた場所に、一ノ注連・二ノ注連・三ノ注連の三本を立てて、お祓いを行う祭事である。九月十一日には神幸式に使う道具を出して点検整備する「お道具出し」が行われ、祭りの準備が整う。

九月二十一日から二十五日にかけて行われるのが、神幸式である。神幸式に奉仕する神職は、宮司は二十日から、その他の神職は二十一日から潔斎をする。潔斎は身を清めることである。斎館に籠もり、「別火《べっか》」(日常の煮炊きに使うものとは別の火)で女性の手を使わずに調理された食べ物を食べ、身を慎んで過ごす。

御神輿《おみこし》を舁《か》いて奉仕する氏子の若者たちも身を清める。彼らは二十一日天拝《てんぱい》満宮に参籠《さんろう》し、二十二日の早朝、天拝山《ざん》の麓にある紫藤《しとう》の滝に「お汐井《しおい》取り」に行く。ここはかつて菅原道真が無実の罪を天に訴えた時に身を清めたと伝わる場所である。お汐井取りで身を清めた後、前夜に搗いた「別火餅」の雑煮を食べる。

神幸式は、二十一日に本殿で行われる「始祭」で始まる。二十二日の夜、宮司以下神職によって、ご神体が神輿に遷されて「お下りの儀」が行われる。

お注連立ての儀では，榎社周辺の決められた場所に注連縄を立ててお祓いを行う（福岡県立アジア文化交流センター提供）

御神幸の行列は五行の鐘・太鼓を先頭に、馬に乗った神官や高張提灯《たかはりちょうちん》・駒形・辛櫃《からびつ》・獅子頭などを手に持った白《はく》丁《ちょう》たち、御神輿を舁く輿丁《よちょう》たちが衣冠・直垂《ひたたれ》・狩衣《かりぎぬ》・大紋《だいもん》など平安の昔そのままの衣装を身に纏って列なる。その後から行列の供をする氏子・崇敬者などが続く。総勢六百人以上の人々が、神職や「竹《たけ》の曲《はやし》」の人々の奏でる道楽《みちがく》の音の中、道真の在りし日、その謫居《たっきょ》があった榎社まで約三キロの道のりをしずしずと進むのである。途中、観世《かんぜ》音寺《おんじ》の鐘の音や天拝山の頂上の迎え火などもこの行列に風情を添える。

榎社では周辺の地区代表の氏子たちが迎える中、まず、境内にある浄妙尼《じょうみょうに》社の前に止まる。浄妙尼社は浄妙尼を祀る社である。浄妙尼は刺客に追われた道真をもろ臼の中にかがませ上から腰巻きをかけて隠し、急を救った人物と伝わる。道真に麹飯を松の葉に載せてすすめたともいう。浄妙尼社に奉幣《ほうへい》した後は、頓宮に入り、神饌《しんせん》を献上する献饌祭《けんせんさい》の後、ここで一夜を過ごす。

翌二十三日の午後、神輿は天満宮へと同じ道を戻る。「お上りの儀」である。出発の前に榎社で小学校五、六年生の女の子（御巫子《みかんこ》）四人が「倭舞《やまとまい》」を奉納する（一二二頁参照）。倭舞では「榊舞」「鈴舞」が舞われる。この舞を伝えるのは「惣市《そうのいち》」という古くから天満宮に巫女《みこ》として仕えていた家の子孫である。お上りの儀では途中から花車や稚児も加わって、賑やかに行列は進む。

天満宮では、一旦浮殿に入る。ここで献饌祭を行い、「御供上《ごくあ》げ」の「竹の曲」（笛のみ）が奏上される。日が暮れてから、浮殿を出て本殿に戻り「お移りの儀」が行われ、ご神体は本殿に帰る。この後、祭りの饗宴として「竹の曲」が奏納される。

二十四日には再び献饌祭が行われる。

二十五日、秋期例祭が行われ、夜には心字《しんじ》池に設けられた舞台で神楽が舞われる。また、心字池の周りに縄を張り巡らして取り付けた蠟燭《ろうそく》に火を灯す「千灯明《せんとうみょう》」が献灯され、池面に幽玄の火が揺れ、静かに神幸式は終了する。

中世の古儀を伝える「竹の曲」

「竹の曲」は、今は絶えてしまった大善寺（久留米市）の美麗田楽《びれいでんがく》に能楽の要素が混交したと見られる伝統芸能で、この芸能を演じる集団をも指す。彼らは太宰府天満宮の神幸式で、行列とともに歩きながら道中の楽を演奏する。また、浮殿での御供上げの際、笛の演奏を奉納し、その後、ご神体が戻った本殿の前で竹の曲（「ささらの舞」と「扇の舞」）を奏上する。

この竹の曲に所属するのは、「六座」と呼ばれる家々の子孫である。六座とは天満宮の氏子で、米屋座・鋳物座・鍛冶屋座・染物座・小間物座・相物《あいもの》

千灯明（福岡県立アジア文化交流センター提供）

上：お上りの儀（木下陽一氏撮影）。榎社を発ち，天満宮へと向かう
左：竹の曲（武末健志氏提供）。小学校5，6年生の男子が「ささら」（細く割った竹を繋いだ楽器）を手に舞う。写真は秋思祭（しゅうしさい）で奉納されたもの。秋思祭は，菅原道真を偲び，毎年旧暦の９月10日に大宰府政庁跡で斎行されるもので，他に詩吟や琴，神楽も奉納される

（魚）座の六座である。
もともとは市《いち》の繁盛のため、宰府《さいふ》の町内にあった祇園社に奉納していたが、祇園社が観世音寺に移った後、天満宮に奉納するようになったと伝わる。鋳物座の平井家の文書に、源頼朝から六座に任命されたことが書かれているほか、古様の面が六座に伝わることなどから、歴史の古さをうかがうことができる。

竹の曲を演じるのは、狩衣に大口《おおくち》袴《ばかま》・侍烏帽子《さむらいえぼし》を身に付けた小学校五、六年の男子で、「ささら」や扇を手に舞う。ささらは細く割った竹四十九枚を麻の組紐で繋いだ、全長六〇センチほどの楽器である。その後ろで楽を奏するのは成人男性で、太鼓が一人、謡と笛が七、八人である。謡の歌詞は、長い間口伝で伝えられてきたため、今では意味の通じないところもある。昭和三十五（一九六〇）年、福岡県無形民俗文化財に指定された。［宮崎由季］

飯塚市・大分八幡宮の獅子舞（木下陽一氏撮影）

百花繚乱

ふるさとに舞う

神楽 [かぐら]

神と人とを結ぶ、祈りの舞

神楽とは

神楽と書いて「カグラ」と読む。カグラの語源はカミクラ（神座）で、本来は神のいます場を意味した。神楽は神霊を鎮めたり（鎮魂）、励起《れいき》したり（魂振《たまふ》り）する神事芸能である。

神楽は宮中に伝わる御神楽《みかぐら》とそれ以外の里神楽《さとかぐら》とに大別される。里神楽は巫女《みこ》神楽、出雲系神楽、伊勢系神楽、獅子神楽などに分類され、伊勢太神楽《だいかぐら》のような曲芸的な神楽もあり、現在では全国各地に多様な神楽が伝承されている。

福岡県の神楽は出雲系神楽に属している。神楽歌を歌いながら採物《とりもの》を手に持って直面《ひためん》（面を着けずに素顔）で舞う「舞神楽」（採物神楽）と、面を着けて多数の神々に扮する「面神楽」（岩戸神楽）との両方を演じるが、「岩戸開き」のような神話を題材にした神楽を演じるため、岩戸神楽と名乗る神楽社中が多い。

神楽が神話を劇化した演目を演じるようになったのは、島根県の「佐陀神《さだしん》能《のう》」に始まる。佐太《さだ》大社の幣主祝《へいぬしはふり》の宮川兵部少輔《ひょうぶしょうゆう》秀行が慶長年間（一五九六－一六一五）に京都で能楽を学び、能楽の演出と衣裳などを用いて出雲神話を演じたのが始まりである。その系統は西日本に広く流布し、九州の神楽もその影響を受けたものが多い。福岡県の神楽は出雲系神楽の一つではあるが、伊勢系神楽の湯立《ゆだて》や修験の影響も考えられ、蜘蛛舞《くもまい》のような曲芸的な要素など、様々な文化や芸能の影響を受けた総合的な芸能であるといえる。

演劇性に富む豊前岩戸神楽

豊前岩戸神楽の構成は「式神楽」「奉納神楽」「湯立神楽」の三つに大別される。まず最初に神事性の強い式神楽が奉納され、次に氏子の各家から依頼された奉納神楽を演じ、最後に湯立神楽を行う。豊前岩戸神楽の特徴は華やかで活発な所作、面神楽の演目が多

豊前市・大富神社の大村神楽（上は中村康也氏撮影，左は豊前市提供）。左は豊前岩戸神楽を特徴づける湯立神楽。湯釜の湯で場を清めた後，高さ10メートルを超す柱（斎鉾）に登って御幣を投げる。その後，斎鉾の上で逆さになるなど曲芸的な所作をした後，斎鉾を支える綱を渡って降りてくる

くて演劇性に富んでいること、そして湯立神楽があることである。

湯立神楽では、会場となる境内を斎《ゆ》庭《にわ》と呼び、中央に一〇メートルを超す斎鉾《ゆぼこ》と呼ばれる柱を立て、その傍らに大きな湯釜を設ける。最初にその場を清め、御先（駆仙《みさき》）が斎鉾に登って曲芸的な所作をし、最後に湯釜の火を鎮めて火渡りをするのである。

同じ豊前岩戸神楽といっても、各社中によって演目名や構成に少しずつ違いがある。例えば、豊前市の山内神楽の演目は三十三番ある。そのうち式神楽は十五番で、「大祝詞事《おおのりとごと》」「花神楽」などがある。大作の「岩戸開き」は「手力《たぢから》男《お》之命舞《のみことのまい》」など七番の演目で構成されている。また、「御先《みさき》神楽」は式神楽であるが、奉納神楽としても高い人気を誇っている。奉納神楽も十五番あり、観客を追いかけたりするユーモラスな「乱御先《みだれみさき》神楽」や、曲技的な「剣《けん》神楽」「盆神楽」、勇壮な「大蛇《おろち》退治」などがある。湯立神楽では、高い斎鉾の上での曲芸的な所作があり、最後に火渡りが行われる。

豊前岩戸神楽はこの他、吉富町の土屋神楽、上毛《こうげ》町の唐原《とうばる》神楽・友枝神楽・成恒《なりつね》神楽、豊前市の岩屋神楽・大村神楽・黒土神楽・中村神楽・三毛門《みけかど》神楽、築上町の岩丸神楽・赤幡《あかはた》神楽・櫟原《いちぎばる》神楽・小原《おばら》神楽・寒田《さわだ》神楽・伝《でん》

糸島市・高祖神社の高祖神楽（糸島市提供）

鞍手町室木・六嶽神社の六嶽神楽（鞍手町提供）

法寺《ぼうじ》岩戸神楽、みやこ町の鐙畑《あぶみはた》神楽・扇谷《おうぎだに》神楽・上高屋《かみたかや》神楽・上伊良原《かみいらはら》神楽・下伊良原神楽・光冨神楽・横瀬神楽、行橋市の稲童《いなどう》神楽・元永神楽、北九州市の合馬《おうま》神楽・大積《おおつみ》神楽・横代《よこしろ》神楽、田川市の春日神社岩戸神楽、添田町の津野神楽、赤村の大内田神楽などがある。

優美な舞を伝える筑前岩戸神楽

筑前岩戸神楽も舞神楽と面神楽に分かれ、湯立神楽を伝えている所もある。どちらかといえば優美な舞で、「磯羅《いそら》」「異国降伏」などの神功皇后説話を題材にした演目が特徴である。

糸島市の高祖《たかす》神楽の演目は、「神供《じんぐう》」や「笹舞《ささまい》」のような面を着けずに採物を持って舞う「舞神楽」と、「問答」や「磯羅」のように面を着けて神話の物語を演じる「面神楽」とに分けられる。

筑前岩戸神楽にはこの他、那珂川《なかがわ》町の伏見神社岩戸神楽、宇美町の宇美神楽、二丈町の福井神楽、篠栗町の太祖《たいそ》神楽、福岡市城南区の田島神楽、筑紫野市の山家《やまえ》岩戸神楽などがある。

宮中御神楽の影響を受けた神楽

遠賀《おんが》川流域に伝わる神楽は、筑前岩戸神楽の系統ではあるが、宮中の御神楽の影響を受けているという。直方市の多賀神社大宮司・青山敏文（一六七一－一七五四）が京都で内侍所《ないしどころ》神楽を習い伝えたものが基礎になっていると伝える。

飯塚市の撃鼓《げっこ》神楽は十五曲あり、面を着けずに舞う「榊の舞」や「四人幣」のような「採物神楽」と、面を着けて舞う「降臨前段」や「岩戸の舞」のような「着面神楽」がある。

遠賀川流域の神楽にはこの他、飯塚市の綱分《つなわき》神楽、桂川《けいせん》町の土師《はじ》神楽、嘉《か》麻《ま》市の漆生《うるしお》神楽・上臼井日吉《かみうすいひよし》神社の神楽、鞍手《くらて》町の六嶽《むつだけ》神楽などがある。また、豊前系神楽に直方流が加味されたという田川市の春日神社岩戸神楽もある。

福岡市東区・志賀海神社の神幸祭で奉納される八乙女の舞（福岡県立アジア文化交流センター提供）。太鼓を中心に，舞手が鈴を振りながら静かに舞う

各地に点在する多様な神楽

福岡県内には、戦後に遠方から神楽を導入した所もある。宮崎県の高千穂神楽を伝習した高木神社夜神楽（東峰村）、それに島根県の石見神楽を学んだ折尾神楽（北九州市八幡西区）などである。

その他、県内各地に点在する神楽を紹介する。

■志賀海神社の御神楽

福岡市東区志賀島《しかのしま》に鎮座する志賀海《しかうみ》神社では、隔年十月第二日曜日の神幸祭で御神楽を奉納する。頓宮《とんぐう》に到着すると、龍の動きを表す「龍の舞」が奉納され、続いて「御神楽」となる。これは「八乙女《やおとめ》の舞」とも呼ばれる優雅で静かな舞である。世襲で代々勤めている老女たちが舞手で、緋袴《ひばかま》に千早《ちはや》姿で天冠を被り、右手に神楽鈴、左手に檜扇《ひおうぎ》を持つ。最後に「鞨鼓《かっこ》の舞」を奉

太宰府天満宮の神幸式大祭で奉納される倭舞（福岡県立アジア文化交流センター提供）。天満宮から行宮の榎社に渡御した神輿が，再び天満宮に戻る「お上り」に先駆け，小学校5，6年生の女の子4人が榎社で舞う。写真は榊舞

納する。鞨鼓を胸にした舞手が顔を白布で覆って舞うが、これは磯良《いそら》神の示《じ》現《げん》を表すという。

筑前御殿神楽（芦屋町・須賀神社にて。芦屋町提供）

本来、御神楽は宮中の雅楽の中に含まれる国風歌舞であるが、志賀海神社の御神楽は八乙女の舞と称するように巫女神楽の一種である。

■太宰府天満宮の倭舞

太宰府天満宮では毎年九月二十一日から二十五日にかけて神幸式大祭が行われる。行宮の榎社では、お上りの御発輿に際して「倭《やまと》舞《まい》」を奉納する。「倭神楽」とも呼ばれ、四名の童女が舞う神事芸能である。緋袴に千早姿で天冠を被り、「榊舞《さかきまい》」では榊を、「鈴舞」では神楽鈴をそれぞれ採物とする。平安末期に京から大宰府へ下ってきたといわれる惣市《そうのいち》（現在の渡辺家）の女性によって今日まで伝承されている。

倭舞は古代の国風歌舞の一つで、舞女が舞う伊勢神宮の倭舞に類似した巫女神楽であるといえよう。

■筑前御殿神楽

筑前御殿《ごてん》神楽は神職が神楽を舞う、現在では珍しい社家《しゃけ》神楽で、優雅で穏やかな舞が特徴である。文明八（一四七六）年の記録が文書に残っており、古い神楽の伝統を伝えている。明治四年の「社家諸家執奏廃止」によって、それまで社家（神職の家筋）に伝えられていた神楽は禁止され、ほとんどの神楽が氏子たちに伝授された。しかし、旧筑前国遠賀《おんが》郡の社家では神楽を守り抜いて現在に至っており、日本で最も古い社家神楽の一つと考えられている。

現在、直面で舞う採物神楽の「榊舞」「弓舞」「太刀舞」「久米舞」、面神楽の「国譲り」「天孫降臨」「磐門《いわと》開き」「事代舞」、それに湯立神楽と、笛一笛だけで奏せられる秘曲「鎮嵐《しずめあらし》」が伝承されている。

［段上達雄］

獅子舞【ししまい】

力強い舞で悪霊を祓う

福岡県内では多様な獅子舞が行われている。その中で、定期の神社祭礼に関わる同系列の獅子舞が広く分布するのは、遠賀《おんが》川上流域と筑後川中流域である。遠賀川の獅子舞は雌雄の獅子の布製胴に二人が入って舞う。筑後川の獅子舞は、雌雄の獅子に二人ずつ入るのは同じだが、胴は棕櫚《しゅろ》の皮を編んだものである。舞はなく、獅子頭を左右に大きく振って暴れる祓いの獅子である。

その他、数は少ないが、旧糸島郡・早良《さわら》郡の地域には、福岡市西区今宿《いまじゅく》青木《あおき》の獅子舞のように、猿や演技者が登場する演劇的要素の強い獅子舞も伝わっている。

本項ではこれらのうち、特に濃密な獅子舞の分布地域である遠賀川上流域を中心に見ていきたい。

遠賀川上流域の獅子舞

分布地域を具体的に挙げると、田川市郡と飯塚市・嘉麻《かま》市・嘉穂《かほ》郡桂川《けいせん》町（この二市一町を以下旧嘉穂郡とする）である。この地域は獅子舞が大変盛んで、「獅子舞の里」といえる。

舞の系統は飯塚市の大分《だいぶ》八幡宮（以下大分系）と綱分《つなわき》八幡宮（以下綱分系）の流れがある。また田川郡には、英彦山《ひこさん》神宮の獅子舞と、五段六調子と呼ばれる獅子舞がある。

大分系・綱分系とも旧嘉穂郡・田川市郡に広がる。さらに大分系の獅子舞は鞍手《くらて》郡小竹《こたけ》町南良津《ならづ》（遠賀川流域の獅子舞北限）、福岡市東区香椎《かしい》、福津市勝浦・在自《あらじ》、京都郡みやこ町上久保、行橋市下稗田《しもひえだ》（現在絶える）、朝倉市山田の恵蘇宿《えそのしゅく》地区に伝わっている。大分の獅子舞がこれほど広範囲に伝え

飯塚市・大分八幡宮の獅子舞。囃子方は笛・大太鼓（子供役）・小太鼓・鉦で構成される（木下陽一氏撮影）

られているのは、それだけ魅力があったのだろう。以下、その概略を述べる。

■大分の獅子舞

大分の獅子舞は毎年秋の大分八幡宮の放生会《ほうじようえ》で舞う。由来は、戦国以来絶えていた祭礼を復興しようと、享保五（一七二〇）年、時の庄屋・伊佐善左衛門直信が村人たちを京都府の石清水八幡宮に送り、獅子舞を習得させたことに始まる。その獅子舞は、同九年の放生会に舞い始め、現在に至っている。享保九年以後、放生会などの毎年の記録が『氏神仲秋祭大当書送帳』（当帳）に書き継がれている（大当以外開帳禁止）。

獅子舞は古来の伝承を堅く守っており、村人の目も厳しい。舞役は八人で二年ごとに二人ずつ入れ替わり、八年で役を終える。囃子は笛（自作）・大太鼓（子供役）・小太鼓・鉦《かね》で、小太鼓が舞をリードする。

舞は「ハナノキリ」「ナカノキリ」

右上：大分の獅子舞で舞役が交代する様子。舞役の赤いたすきは，その日のすべての舞が終わるまで勝手に解いてはならない

上：大分地区で祭りの前に縁起物として床の間に置かれる嶋台。里芋で作った亀の上に，ミョウガとコショウ（唐辛子）で作った鶴を置く

右：雌雄の獅子の結婚式。オチョウ・メチョウと呼ばれる5，6歳前後の男女の酌で三三九度の杯を交わす

「キリ（ノリともいう）」の三段階で、見合いをし、恋をして、恋に狂う様を表しているといわれ、キリがもっとも躍動的である。子孫繁栄・五穀豊穣を祈願して舞うともいわれる。

衣装は胸当て・腕抜き（手甲《てっこう》）・袴《はかま》で、獅子の胴の色・模様と同じで、雌獅子が青、雄獅子は茶である。上着は白衣で、博多織りの帯を締め、赤たすきを掛ける。このたすきは、舞い始めの前に獅子頭取《ししとうどり》から結んでもらい、その日の一切を舞い終わった時に解いてもらう。それまで勝手に解いてはならない。足袋も独特で底がない。わらじを履く時、足袋の指先を手前に折り曲げてわらじの紐を締めるが、これは獅子のひずめを表しているといわれる。

舞役は、練習など祭り前にいくつかの行事がある。祭りの二日前（今は休日）に、「衣装そろえ」といって、雌雄の獅子の結婚式が行われる。場所は舞役の最古参の家であるが、今は公民館を使うこともある。この日、舞役は、わらじの紐を染めたり、床の間に飾る縁起物の嶋台《しまだい》を作る。

婚儀は、雌雄獅子の四人ずつが和服の正装で相対して座る。最初に「熨斗《のし》ふみ」が行われる。一人の娘が三方に熨斗を載せ、眼前に捧げながら進み出て舞役の間に座り、深々と頭を下げ、頭を上げると三方を持って下がる。続いて三三九度の杯になり、オチョウ・メチョウが酌をする。オチョウ・メチョウとは五、六歳くらいの男女二人である。

この日の夜は、獅子頭取・楽人《がくじん》・世話人などを招いて披露宴がある。披露宴が終わると、外に出て獅子舞をする。舞役OBの飛び入りもあり、酒も入っているのでみな元気がいい。ひとしきり舞うと、一同は獅子舞をもたらした伊佐善左衛門の子孫の家に獅子を持っていく。そこで獅子が舞い、酒宴になる。獅子の里帰りである。

■子供の太鼓打ちを伴う獅子舞

綱分の獅子舞は、大分と同様に雌雄一対で胴に二人ずつ入って舞う。しかし舞い方は二段階で、「マエニワ」「クルイ」と呼ぶ。クルイの初めは雌獅子がゴザを敷いて舞う。また、神幸を終えた神輿が神社に帰り着き、新旧の鳥居の下をくぐる時に「新馬場」「古馬場」を舞い、最後に「神殿入り」を舞う。

昭和五十一（一九七六）年、前記二所と一緒に県の無形民俗文化財に指定されたものに、嘉穂郡桂川町土師《はじ》の獅子舞がある。ここは上土師と下土師の年交替で祭礼を行っている。獅子舞の前に、二列で上土師は杖楽、下土師は八児舞《やちごまい》を行い、その終わる頃に獅子が列の間に入って舞い始める。

また、近年は子供たちに継承させるため、嘉麻市口春《くちのはる》、小竹町南良津に見られるように、親子の獅子が一緒に舞う所もある。獅子は厄祓いの役割を持っており、家内安全を願って村内各家の前や村内の主要な所で舞う地域がある。また、幼児や年配者が無病息災を願って、獅子頭で噛んでもらう習俗も広く見られる。

飯塚市・綱分八幡宮の獅子舞。神幸を終えた神輿の前で舞っている

桂川町上土師の子供の太鼓打ち（福岡県教育委員会提供）。舞の初めと終わりに，写真のように横に並んで舞う。参加人数によって２列以上にもなる。太鼓を叩いている者がリーダーで，円形に回る際には先頭を進む

また、獅子舞と並行して「子供の太鼓打ち」を行う所がある。小学生以下の子供たちが順番に大太鼓を叩いた後、一列になって同じ所作を繰り返して円形に回り、大太鼓の所に戻ると大太鼓を叩き、前とは違う所作を繰り返して進む。所作は十種類ぐらいで名称もある。稲作りの作業を表しているといわれるが、どの作業なのかはわからない。旧嘉穂郡では飯塚市綱分、嘉麻市平山・中篭《なかごもり》、桂川町上土師などに見られ、田川市郡でも行われている。

筑後川中流域の獅子舞

筑後川中流域には、遠賀川流域とは違う祓いの獅子舞が広がっている。源流は、久留米市・高良《こうら》大社祭礼に奉仕していた、美麗《びれい》法師の高良山獅子舞とされる。その中で、朝倉市林田の美奈《みな》宜《ぎ》神社に奉納される蜷城《ひなしろ》の獅子舞が本格的なかたちを残しているといわれ、旧嘉穂郡三カ所と同時に福岡県無形民俗文化財に指定された。

この獅子舞は、毎年十月二十一日の美奈宜神社神幸祭に奉納されるもので、鶉木《うのき》・長田（蜷獅子会）両地区から出る。その舞い方は、大分・綱分のような舞はなく、勢いよく走り回るというより、地面を蹴って暴れ回ると表現できるようである。鶉木・長田両地区の当事者はお互い舞い方が違うと言うけれども、一般の人にはわからない。蜷城はこの地域の古名で、今は蜷城小学校や蜷城公民館・蜷城郵便局などにその名を残す。

獅子舞の構成は、獅子は雌雄一対で、二人ずつ入り、胴体は棕櫚の皮で作る。脚絆《きゃはん》も同様である。獅子舞を経験した若者が各獅子に二名ずつ「世話人」として付き、暴れようとする獅子の口を握って抑える。この獅子頭に噛んでもらうと無病息災といわれるのは、いずこも同じである。

［香月靖晴］

上：朝倉市の美奈宜神社に奉納される蜷城の獅子舞（福岡県教育委員会提供）。地面を蹴って暴れ回る祓いの獅子舞
左：福岡市西区・今宿青木の獅子舞（福岡市博物館提供）。旧糸島郡・早良郡には，猿や演技者が登場する演劇的要素の強い獅子舞が伝承されている

人形芝居

［にんぎょうしばい］

伝統の技が凝縮された人形浄瑠璃

人形《ひとがた》は、古くより人の身代わりとして不思議な霊力があるものと考えられてきた。やがて人はそれを動かすようになり、神などを表現するようになる。県内では築上郡吉富町に「傀儡子《くぐつ》」が伝承されており、神舞と神相撲が演じられる（一〇九−一一〇頁参照）。中世の呪術的人形を伝える貴重なものである。

このような傀儡子は、やがて三味線や浄瑠璃と結びつき、江戸時代が始まる頃に人形操り（人形浄瑠璃）として発達した。九州では、大分県中津市北《きた》原《ばる》の人形座が各地を巡り人々を楽しませた一方で、操りも指導し、村々に素人の座が生まれていった。県内でも明治から昭和初期にかけて四十近くの人形座があったことがわかっている。その中で現在、復活したものを含め四座が活動している。人形は、淡路系の三人遣いで、外題は世話物、時代物がある。

弁財天のお告げ ― 伊加利人形芝居

伊加利《いかり》人形芝居（田川市伊加利）は、「二〇加《にわか》座」「弁天座」とも称した。起源は、言い伝えによると慶応元（一八六五）年という。当時、疫病が流行した際、「子供の喜ぶ人形を回すとよかろう」との弁財天のお告げがあったことで始まるという。

吉富町・八幡古表神社の傀儡子の神舞

伊加利人形芝居（田川市）。現在は元旦に岩亀八幡宮で「三番叟」が奉納されている。「三番叟」は能楽の「式三番」を原形とするもので，天下泰平，五穀豊穣を祝う舞

　当初は、宇賀神社で正月巳《み》の日に旅芸人たちが、一人遣いの串刺し人形の操りを奉納するのが慣わしであったが、明治三（一八七〇）年、旅芸人の都合により奉納ができなくなった。そこで村人が、神幸山笠の人形を利用した素人の人形芝居を行うようになった。その後、本格的に操りを回したいとの熱意から、現中津市北原の「島屋座」を招き三人遣いの人形芝居を学び、その後も北原から人形師・吉田久吉、さらに明治三十二年に島屋座の師匠や人形遣いの松本鉄蔵を招き指導を受け、著しく技術が向上した。

　戦後も早い時期に復興し、荒廃した世相の中で近隣各地に娯楽を提供した。農閑期には、遠賀《おんが》川筋の各地や博多、県外にも興行して回った。もとは宇賀神社の秋の祭礼に行われていたが、現在は、正月元旦に地元の岩亀八幡宮で「三番叟」が奉納されている。

甦った今津人形芝居

　今津人形芝居（福岡市西区今津）は、隣村・大原《おおばる》の「大原操り人形」が起源とされる。大原では、江戸時代の弘化年間（一八四四－四八）、若者の間に流行した賭博の悪習を改革するため操り人形をとり入れ、中津の「北原人形芝居」から伝授を受けたという。主に青年たちの手で演じられたが、座を退いた壮年たちが新座を結成したことが、旧座との間で対立を生むことになった。このため村民協議の上、人形芝居は廃止された。

　その後、今津の宗善次郎が操りの消滅を惜しみ、大原の人形道具一式を譲り受け、新たに今津操り人形「恵比須座」を明治二十四（一八九一）年に結成した。旧糸島郡内をはじめ旧早良郡、福岡市はもちろん佐賀県内に興行に出かけ、明治四十年代に最盛期を迎えた。

今津人形芝居（福岡市西区）。写真は「壺坂霊験記・山の段」のお里・沢市。人形1体を3名で操る。「主遣い」は左手で人形の頭，右手で人形の右手を操り，「左遣い」は右手で人形の左手を，「足遣い」は両手で人形の両足を動かす

しかし、太平洋戦争の勃発により中断、戦後復興されたが、青年層などの流出で再び中断、その後昭和四十五（一九七〇）年に今津人形芝居少年部が組織され、以後恵比須座の中村貞義・中村隆暢《たかまさ》らの指導でその伝統が受け継がれるようになり、平成九年からは、九月に地元登志宮《としぐう》で盛大に公演が行われ、その後も年々盛んになり、平成二十一年からは今津小学校体育館で演じられている。

地域ぐるみで継承―旭座人形芝居

旭座《あさひざ》人形芝居（八女郡黒木町笠原）の起源は、明治五（一八七二）年頃といわれる。その頃、祝いの席などで浄瑠璃に合わせ瓢簞《ひょうたん》や徳利を人形に見立てて躍らせていたのが始まりといわれる。明治二十四年には、人形に晴れ着を着せ、今日の人形芝居に近いかたちで上演されたという。

その後、人形芝居熱は高まり、明治二十五年に熊本県の山鹿《やまが》市「菊池座」から人形を購入し、その後も、人形や道具類を各所から入手したり、人形の回し手や髪結い、舞台装置などの専門家を招き芸に磨きをかけ本格的な座となり、大正末期には村長から遊芸鑑札を受け、正式な興業が許可された。当初、地名をもとに「鰐八座《わにばちざ》」と名乗ったが、明治四十年に「旭座」と改称し、神社の祭礼など各地で興業を行った。

昭和十二（一九三七）年から戦時体制下で座渡しの神事のみが続けられた。戦後は、若者の都市志向で後継者難となるが、昭和三十年の県無形民俗文化財指定を契機に保存会を結成し、伝統の技を守り伝えた。

また、地元の笠原小学校では、昭和六十二年から、人形芝居を「ゆとりの時間」に組み入れ、平成六―八年には県教育委員会マイスクール・マイタウン事業の推進校として継承活動に取り

組んだ。
　現在は、一月に正月祭りとして「初光り」、七月には「翁渡し」と呼ばれる儀式とともに外題も演じられる。また、平成十一年には、地元笠原に「黒木文楽旭座人形芝居会館」が建てられ、毎年十一月三日に公演が行われている。

上：黒木町の旭座人形芝居（「御所桜堀川夜討」弁慶上使の段）。「人形繰り」「三味線」，物語に節をつけて語る「浄瑠璃」の三役で構成されている
下：旭座人形芝居の「三番叟」で使われる人形

人形芝居の保存と復活

　各地の人形座共通の悩みとして後継者不足があるが、その対策の一つとして平成十三年に九州地区内の人形座が集まって情報交換を行い、芸を競い合う「九州人形芝居サミット」が発足した。その後二年に一度、各人形座持ち回りで開催されている。

　また、平成十六年には、福津市で人形芝居が復活した。もともと市内津屋《つや》崎《ざき》の勝浦《かつうら》には、江戸時代末頃から戦前まで盛んに活動を続けていた「恵比須座」があった。勝浦小学校の総合学習で人形芝居の実演を行ったことを機に復興の機運が高まり、平成十六年四月に「勝浦人形浄瑠璃保存会」が発足した。同年十月に一回目の公演を行い、現在では、いくつかの外題を演じるまでになっている。

　現代人の趣向の変化など、人形浄瑠璃の存続をとりまく状況は厳しいものがあるが、腹に響く太棹《ふとざお》三味線の音と哀調を帯びた浄瑠璃の語りに合わせて動く人形の様は、まさにムラの芸術である。これからも永く続いてほしいものである。

［長谷川清之］

舞台芸能

【ぶたいげいのう】

現代に具現される中世世界

中世以来の舞台芸能である能や狂言、また能以前から武士に愛好された幸若《こうわか》舞《まい》が、今でも毎年、村の鎮守の神社の祭りで上演され奉納されている地区がある。これらの舞台芸能は、いずれも伝承が難しい芸能でありながら、なお伝統を守り、次代に継承され続けている。これは一重に、地区の人々の熱意とたゆまぬ努力の賜物であり、これらはまさに、現代に具現された貴重な歴史遺産なのである。

日本に唯一残る幸若舞

一月二十日、みやま市瀬高《せたか》町大江にある大江天満宮で、幸若舞が奉納される。幸若舞は、現在では日本でここ一カ所のみに伝承されていて、国の重要無形民俗文化財に指定されている。

舞台となる舞堂は、本殿の脇にある茅葺きの建物で、大正二（一九一三）年に建立された。それ以前は、神社の拝殿で舞われていたという。

菊、桐、下り藤の紋が染め出された幕が壁一面に張られた舞台は、何ら装飾もない。一人、小鼓《こづつみ》方が囃《はや》し、大夫、シテ、ワキが幸若舞を演じる。素袍《すおう》姿に立烏帽子《たてえぼし》（あるいは折烏帽子）、小刀を帯した舞手は、両の腕を水平に広げ、右手には扇を持ち、前傾に構えた姿勢で演じる。その昔、舞、舞々、曲《くせ》舞《まい》ともいわれた幸若舞は、語りを中心とした芸能である。その動きは少なく、独特の謡で舞われる様は、実に厳かで、中世芸能の古き姿を伝えるものといわれている。

幸若舞は十四世紀頃、桃井播磨守直《もものいはりまのかみなお》常《つね》の三男であった幸若丸が創始したといわれる。戦国時代には能に劣らぬほど武将に愛好された芸能で、江戸時代には幕府の式学として保護されていた。明治維新で廃れ、今や大江の地に唯一伝承されるのみとなっている。大江に伝わる幸若舞は、その中でも大頭流といわれるもので、中世の原型をほぼ残しているといわれる貴重な芸能である。

大頭流がこの地に伝わったのは、天正十（一五八二）年、当時筑後国を治

みやま市・大江天満宮で奉納される幸若舞（みやま市提供）

めていた蒲池氏が、京より大頭流の継承者を招いて家臣らに伝授したことに始まるという。戦国の動乱で領主は変わったが、それでも幸若舞は筑後の地で脈々と受け継がれ、装束、舞の本、系図が、名手とされる家元に相伝されていった。大江に家元が定着したのは江戸時代、天明七（一七八七）年からで、四十二曲が所伝され、現在では八曲が伝わっている。

幸若舞が大江で根付いた一因に、藩主であった柳川藩立花家のバックアップが挙げられる。江戸時代後期頃には、大江の家元らが藩主の御前で幸若舞を演じたり、装束諸道具料を賜ったり、また毎年一月二十一日（のち二十日）、藩主のために武運長久や国家安泰を祈願して大江天満宮で幸若舞を奉納していたことなどが記録に残っている。

明治以後も大江では、家元を中心に幸若舞が相伝され、一月二十日に天満宮で奉演している。今やこの地区では、小学生男子は必ず幸若舞を舞うことが風習となっている。

この貴重な中世芸能が二百年以上、二十一世紀の現代までも伝えられた奇跡。上演の間、かの時代にタイムスリップしたかのような幻想的な空気が、境内を、観客を包む。

全国でも珍しい農民能・新開能

みやま市高田町・宝満神社で奉納される新開能（みやま市提供）。当初は柳川藩のお抱え能楽師が演じていたが，明治期以降，地元の人々による奉納が続けられている。全国的にも珍しい農民能（素人能）である

「大江に行って舞舞うな、新開《しんがい》行って謡謡うな」といわれるみやま市高田町新開は、全国でも珍しく地元の人々によって農民能と呼ばれる素人能が残る所で、新開能は県の無形民俗文化財に指定されている。

十月十七日、鎮守の宝満神社の祭りに際し、午後から（近年は三時から）夜の九時頃まで、境内に特設された舞台で能と狂言が数番演じられる。

新開能は、戦国時代、領主の立花宗《むね》茂《しげ》が朝鮮出兵にあたり祈願した宝満神社に、帰国後、その神徳を崇敬して能を奉納したのが初めと伝えられ、江戸時代、再び柳川藩主となった立花氏が、再度ここに神前能の奉納をするようになったといわれている。当初、能の奉納は美麗《びれい》梅津家（先祖は三潴《みずま》の玉垂宮《たまたれぐう》大善寺《だいぜんじ》に奉仕していた美麗田楽師）をはじめとする藩お抱えの能楽師が行い、藩主代参、寺社奉行、代官なども来訪してこれを観覧していた。柳川藩は他にもいくつかの神社で能の奉納を行っていたが、今なお神前能が続けられているのは新開のみである。

能の奉納にあたって新開の人々は、柳川城下からの諸道具の運搬を手伝ったり、諸準備の手伝いをしたりしていた。祭りで本格的な能を見知っていた新開の人々は、次第に能楽師の相手としてワキ・ツレも務めるようになったという。

嘉麻市芥田地区の雁金納め（福岡県教育委員会提供）

明治になり藩からの奉納がなくなると、新開の人々は、自分たちで能の奉納を行うようになる。そこには、新開の人々の並々ならぬ熱意と一方ならぬ努力があった。散り散りになったお抱え能楽師の人たちを探して教えを請い、研鑽を重ね、ついには、能狂言のみならず囃子《はやし》方までも新開の人々で務めるようになったのである。祭りのたびに立花家から拝借していた装束・面・諸道具なども、昭和二十三（一九四八）年には一式・五三〇点を譲り受け、使用、保存、管理している。

　現在、新開の能狂言は保存会が保存継承にあたっている。新年、宝満神社の座元が決まると、七月には能狂言の演目が決定され、下旬からは稽古が始まる。八月に入ると装束の虫干しも行われ、十月初めには境内に収蔵されている部材で、能舞台、アト座、橋掛かりが昔ながらの方法で組み立てられる。

　奉納当日、小学生から長老・師範格の大人まで何十人という新開の人々が能狂言を上演し、そこに携わる。

　秋の一日、新開の人々によって創り出された三間四方の舞台では、新開能の幽玄の世界が惜しみなく体現され、暮れゆくまで訪うた人々を魅了する。

水神様に捧げる狂言・雁金納め

　九月十三日、嘉麻《かま》市芥田《あくただ》の芥田川沿いに座す水神社の祭りで、地区の人々によって地狂言が奉納される。

　昔、この地区は度々火災に見舞われていた。ある時、丹波の人がこの地の愛嶽《おだけ》神社に自作の木像を奉祀し、水神祭をして狂言を奉納したところ、ぱったりと火災がなくなった。以後、水神祭に狂言の奉納がなされるようになったと伝えられる。

　例年、正午より水神祭が挙行され、一時過ぎにまず十二、三歳の子供が演じる三番叟《さんばそう》、続いて狂言・雁金納《かりがねおさ》めが奉納される。雁金納めは、現在の狂言流派の雁雁金《がんかりがね》とほぼ同じ内容であるが、シテ・アド役の出身地が違うなど、幾分異なった点も見られる狂言である。

［村田眞理］

海の祭り

［うみのまつり］

恵みの海に感謝する

日本は海に囲まれており、福岡県も玄界灘、響《ひびき》灘、周防《すおう》灘、有明海に面し、私たちは海の力を借りながら生活を営んでいる。こうしたことから、私たちは海に対する感謝を忘れず、様々な祭り行事を行う。また、海から得たものを御供《ごく》などにすることは多く、農村部の祭り行事でも魚などが供えられているのをよく見る。

　海に関する祭りで有名なものとしては、十月一日、宗像大社沖津宮《おきつみや》と中津《なかつ》宮《みや》の神輿《みこし》が納められている御座船を先頭とする大船団が、宗像市の大島港から神湊《こうのみなと》港に向かう海上神幸の「みあれ祭」がある。本項ではその他、本書で紹介されていない海に関する祭りについて述べる。

奈良時代から続く秘祭

　関門海峡を挟む北九州市門司《もじ》区と山口県下関市が最も接近する場所（門司側の北端）に和布刈《めかり》神社がある。ここで旧暦元旦未明にワカメを刈り取り、豊漁や海上安全などを祈願する和布刈神事が行われる。この神事は、和銅三（七一〇）年に和布刈神事のワカメが時の朝廷に献上されたことが『吏部王《りほうおう》記《き》』（「りぶおうき」とも。醍醐《だいご》天皇第四皇子・重明《しげあきら》親王の日記。延喜二十（九二〇）年から天暦七（九五三）年まで三十四年間にわたり記録したもの）に記述されていることから、一三〇〇年近く伝えられてきたと考えられる。また、中近世期にはこの地を治めていた領主や藩主にも献上しており、毛利元就（一四九七－一五七一）などから送られた御礼状も残っている。

　神事は旧暦冬至の日のワカメ繁茂祈願から始まり、十二月一日には新竹で二束の松明を作り、二十五日からは神職らが潔斎を始める。そして旧暦元旦未明、装束を整え鎌、手桶を手にした神職二人、松明を手にした神職一人が

上：宗像大社の海上神幸・みあれ祭（木下陽一氏撮影）。「みあれ」は「御生（みあ）れ」で，神が誕生・降臨すること。豊漁を願う近隣の漁船が多数集まり，壮大な海上渡御を繰り広げる
左：北九州市門司区・和布刈神社の和布刈神事（北九州市提供）。神事が終わると，ワカメ漁が解禁となる

干潮の海に入っていく。松明に照らされた海からワカメを刈り取り、神前に供える。

古くはこの神事は秘事とされ、大正初期まで見ることはできなかった。見ると目が見えなくなるという伝承があり、近隣の人々は早くから戸や窓を閉ざしていた。大晦日に新年の神を迎えるために戸や窓を閉ざす習俗を残していたと思われる。また、神職が海に入ると海が裂けて階段ができ、ここに立ってワカメを刈っていたとも伝えられていた。

この行事に類似したものが、山口県下関市一の宮の住吉神社でも旧暦元旦未明に行われているが、こちらは現在も秘事とされ見ることはできない。

福岡市東区奈多・志式神社のはやま神事（福岡市提供）

魚を捌く神事

一方、海から得た魚などを御供とすることは多く見られるが、福岡市東区奈多《なた》に魚を用いた興味深い祭り行事がある。「はやま神事」（早魚舞《はやままい》）である。はやま神事は十一月十九日に行われる志式《ししき》神社の秋祭りに奉納される神楽の演目の一つであり、「乙太夫《おとだゆう》」「献魚庖《けんぎょほう》刀式《とうしき》」「ひれ舞」から構成される。このうち献魚庖刀式は、二町一組とする二組の青年たちが大きな塩鯛を捌く速さを競うものである。

夜になると、二つのはやま宿（各町の公民館。以前は座元宅）には多くの人々が集まる。それぞれその中心となるのは、各町内から選ばれた数え年二十四、五歳の青年四名である。彼らはその年のはやま神事の出場者で、料理人、すりばちかかえ、ひれさし、提灯もちの役割を担う。このはやま宿で先達の指導を受けながら本番に向けた厳しい練習が続けられる。

この頃、奈多中央公民館に設けられた舞台で、宇美《うみ》神楽座により神楽が行われる。以前は年ごとに問屋、尾形と呼ばれる座元宅の庭に臼を並べ、その上に置床を並べ畳を敷き、船の帆二枚で屋根を作った神楽舞台で行われていた。また、神楽も明治三十六（一九〇三）年までは糟屋《かすや》郡の神職たちによって行われていた。

はやま神事に入ると、まず乙太夫が

太宰府市・王城神社の宮座で奉納される真魚箸（まなばし）神事（福岡県立アジア文化交流センター提供）。真魚箸を巧みに使い，鯛には一切手を触れずに捌く。古くは，神前に捧げる供物を調理する際にも，このような方法をとることが多かったと考えられる

舞われる。「三良《さぶろう》天神を探して出雲や伊勢を訪ね歩いた乙太夫は、奈多で三良天神と会うことができた。乙太夫は三良天神に御神酒《おみき》を勧めるが、飲もうとする三良天神を止め、火難盗難除けや大漁の願いを聞き届けさせる」という内容である。

乙太夫が終わると舞台が清められ、厳しい練習を終え夜の海で禊《みそ》ぎを行い、着物に着替えた青年たちが入場してくる。舞台には座元二名、氏子総代五名、各町内会長四名、神職二名が立会人として着座している。

居並ぶ青年たちの中から鯛を載せたまな板を持った料理人が前に進み、まな板を頭上に掲げ一歩足を引き、後ろ向きになるとともに鯛を披露する。その後、提灯もちを除く三人が前に居並び、「見事なお魚、お料理なされ」という神職の声で太鼓が鳴り、鯛が捌かれる。まずヒレを切り取り、ひれさしが座元に届けられる。次に頭を取り三枚におろす。この間わずか数十秒のことである。最後にヒレを竹の御幣《ごへい》に結びつけて「ひれ舞」が舞われる。

県内を見渡すと、魚を用いた行事は他にもいくつか存在する。まずは嘉麻《かま》市中益《なかます》の万年願《まんねんがん》相撲がある。八月二十三日に行われ、子供たちによる相撲の後のトウ渡し（年番の引き継ぎ）の際に素手で鯛を捌く。また、太宰府市通古賀《とおのこが》の王城《おうぎ》神社で行われる十一月の宮座では、金串と包丁を巧みに使い、手を触れずに鯛を捌く。

なお、海に関する祭りではないが、小郡《おごおり》市にも「はやま」がある。「早馬祭り」や「早馬舞」と呼ばれ、中に稲穂などを入れた藁《わら》の馬を担いでいくものである。秋に乙隈《おとぐま》と横隈《よこぐま》で行われ、乙隈では乙隈天満神社を出発して地域内を回り、横隈では隼鷹《はやたか》神社から各家を回る。同じ「はやま」でも祭りの様子は全く異なり、非常に興味深い。

［久野隆志］

歌う祭り

［うたうまつり］

祈りを込めて高らかに歌い上げる

私たちは、生まれた時から音や歌と深い繋がりを持って生きている。子守歌、音楽の授業、カラオケなどの日常生活だけでなく、多くの祭りにも音や歌が欠かすことはできない。神楽の囃《はや》子《し》や盆踊りの口説《くど》きをはじめとして、枚挙にいとまがない。

このように歌う祭りは数多くあるが、ここでは、本書の他の項では触れられていない歌に関する祭りを紹介する。

歌と笛の音が響く――平八月祭り

九月中旬、宮若市平《たいら》に歌声と笛の音が響く。平八月祭りである。由来は明らかではないが、江戸時代に平地区に疫病が流行したため、「最後の三人まで踊り続ける」と願を立て（万年願《まんねんがん》）、踊り始めたことから始まったと地元では伝えられている。

旧暦八月ナカのトオカ（中の十日、中旬の意）から選ばれた祭りの当日、岡見神社に多くの大人たちと、紺色の絣《かすり》の上衣と縦縞の袴を着た男児三人が集まる。拝殿の横で男児は腰に刀を差し、左肩に御幣《ごへい》、右手に扇を持ち輪になる。大人たちが歌う「八月祭り歌」に合わせて左回りに三歩進み、扇で御幣を二回叩く。続いて「扇子踊り歌」に合わせて、両手に持って広げた扇で両膝を二回叩く。最後に「手踊り歌」に合わせて何も持たない両手で袴を二回叩く。

終了後、拝殿横の天満宮と呼ばれる石祠に向かって、青年による「杖おこし」が行われる。祠を正面にし、杖を体の前に水平に持って礼をし、「エイ、ヤー」の掛け声で杖を振り下ろす。これを二回繰り返す。三回目は「エイ、ヤー、トッポスー」の掛け声で杖を振り下ろしながら前方に走り、祠を勢いよく突く。杖は「左大臣」「右大臣」の二本あるので、一連の動作を二回繰り返す。

杖おこしが終わると、竹を束ねた松明に火をつけ、近くの黒丸川のそばの地域外に立てられた水神棚に向かう。太鼓と笛による道囃子に導かれて進ん

宮若市平の平八月祭り（福岡県教育委員会提供）上：子供踊り。大人たちの「八月祭り歌」に会わせて３人の男児が踊る
下：子供神楽（クルクル）。御幣を持った男児が太鼓に合わせて左右に回る素朴なもの

でいくが、途中辻々に差し掛かると立ち止まり、囃子の調子を変え、しばらくすると進み始める。水神棚に到着すると、再び岡見神社で行った子供踊りと杖おこしが行われる。杖おこしの二本目は、最後に水神棚を突き倒す。杖おこしが終わると、「太鼓せり（せせり）」が行われる。多くの大人の頭上に太鼓を持ち上げ、一人が太鼓を叩きながら「ナンマンダブ」と叫ぶと、皆で唱え言葉を言いながら太鼓を競る。

水神棚での行事が終わると、地域内の薬師堂に向かうが、地域内に入るまでは火を消し、道囃子もやめる。「何か悪いものがついてこないように」と言われている。地域内に入ると、再び道囃子に導かれて進んでいく。薬師堂では、子供踊りの後に、御幣を持った男児が太鼓に合わせて左に右にと回る。これは「子供神楽」や「クルクル」と呼ばれる。

歌が祭りをリードする

四月の最終土曜日と日曜日、田川郡香春町《かわら》採銅所《さいどうしょ》に古宮《こみや》音頭が響き渡る。古宮八幡神社神幸祭である。宇佐神宮の放生会の御神鏡が鋳造されたこの地

香春町・古宮八幡神社の神幸祭（香春町提供）。古宮音頭が賑やかに響く中，神輿が地区内を巡行する。御輿の屋根は杉の葉を葺いたもので，全国でも数例しかない貴重なもの

では、杉の葉で屋根を葺いた珍しい神《み》輿《こし》が登場する。その神輿が採銅所の地区内を渡御《とぎょ》・還御するが、その際に歌われるのが古宮音頭である。

また、四月三十日、五月一日には豊前市四郎丸で大富神社神幸祭が行われる。まず船御輿の周りに、一文字笠を被り、紋付き袴を着た舟歌組が蹲踞《そんきょ》して舟歌を歌う。舟歌組は行列の先導をなし、道筋の要所ごとで舟歌を歌う。舟歌には「四季口説《くど》き」「天狗そろい」などがあり、古くから伝えられたもの

豊前市・大富神社神幸祭の舟歌組（豊前市提供）

川崎町の亥の子。縄を上下させ，亥の子石を地面に打ち付ける

であるという。

十一月には田川郡川崎町永井で「亥《い》の子《こ》」が行われる。亥の子石と呼ばれる大石に多くの縄を結び付け、子供が誕生した家を回る。庭で縄を上下させながら亥の子石を地面に打ち付ける。この時に歌われるのが「亥の子の唄」である。ひとしきり歌い終わると、子供たちにお菓子などが撒かれる。

十二月には築上町下香楽《しもこうらく》で円座餅搗《えんざもちつき》が行われる。以前は旧暦十一月の初丑《はつうし》の日に行われていたが、現在は第一日曜日に行われる。当日、下香楽公民館に清地《すがち》神社の氏子で構成される座が集まる。以前は座元の家が決められていたが、諸々の事情により公民館で行われることになった。

鉢巻き、締め込み姿の男たちによる餅搗きは三番まで行われ、それぞれ一番臼、二番臼、三番臼と呼ばれる。一番臼は鏡餅一重と十二カ月分の重ね餅を搗く。庭に置かれた臼を囲み、樫でできた刺し棒を持ち、円座餅搗音頭を歌いながら餅を搗いていく。二番臼では空臼を、三番臼では藁餅を突く。一―三番それぞれが終わるごとに、「臼ねり」と呼ばれる臼の奪い合いが行われる。

［久野隆志］

築上町の円座餅搗（築上町提供）。締め込み姿の男たちが，円座餅搗音頭に合わせ，長さ1.5メートルほどの棒で餅を搗く。この餅を食べると1年間健康に過ごすことができ，また安産のお守りになるともいわれている

『アクロス福岡文化誌』刊行について

古来よりアジアと九州を結ぶ海路の玄関口、文明の交差点として栄えてきた福岡は、大陸文化の摂取・受容など文化交流の面で先進的な役割を果たしてきました。

「文化」とは時代が変化していく中で育まれた「ゆとり」「安らぎ」など心の豊かさの副産物、つまり精神充実の賜物であり、国や地域、そこで生活する人々を象徴しています。そして、文学、歴史、学問、芸術、宗教・信仰、民俗、芸能、工芸、旅、食など様々な分野へと発展し、人類の貴重な財産として受け継がれてきました。

科学や情報技術が進歩し、心の豊かさが求められている現在、「文化」の持つ意味・役割に改めて注目し、その保存・継承、充実を図ることは、日本社会を活性化するための重要な鍵になると考えます。

この『アクロス福岡文化誌』は財団法人アクロス福岡が進める文化振興事業の一環として、福岡の地域文化、伝統文化の掘り起こしや継承、保存活動の促進を目的に刊行するものです。また、福岡に軸足を置きつつ、九州、アジアにも目を向け、ふるさとの文化を幅広く紹介し、後世に伝えていきたいと考えています。

この文化誌が地域活性化の一助、そしてアジア―九州―福岡をつなぐ文化活動の架け橋になれば幸いです。

アクロス福岡文化誌編纂委員会 会長　武野要子

財団法人アクロス福岡 館長　石川敬一

アクロス福岡文化誌 4
福岡の祭り
■
2010年 3 月20日　第 1 刷発行
■
編　者　アクロス福岡文化誌編纂委員会
■
発行所　アクロス福岡文化誌編纂委員会
〒810-0001　福岡市中央区天神 1 丁目 1 番 1 号
電話092(725)9115　FAX092(725)9102
http://www.acros.or.jp
発売　有限会社海鳥社
〒810-0072　福岡市中央区長浜 3 丁目 1 番16号
電話092(771)0132　FAX092(771)2546
印刷・製本　大村印刷株式会社
ISBN 978-4-87415-761-9
http://www.kaichosha-f.co.jp
[定価は表紙カバーに表示]

執筆者一覧

森　弘子（福岡県文化財保護審議会専門委員）
松村利規（福岡市博物館）
白川琢磨（福岡大学人文学部教授）
竹川克幸（西日本新聞天神文化サークル講師）
久野隆志（福岡県教育庁総務部文化財保護課）
吉田修作（福岡女学院大学人文学部教授）
亀崎敦司（九州大学大学院人間環境学府）
山口正博（香蘭女子短期大学講師）
段上達雄（別府大学文学部教授）
福間裕爾（福岡市博物館）
佐々木哲哉（元福岡県文化財保護審議会委員）
香月靖晴（嘉飯山郷土研究会会長）
河口綾香（福岡大学文化人類学研究室研究員）
長谷川清之（桂川町教育委員会）
宮崎由季（元太宰府天満宮文化研究所）
村田眞理（元太宰府天満宮文化研究所）

アクロス福岡文化誌編纂委員会

会　長　武野要子（福岡大学名誉教授）
副会長　西表　宏（香蘭女子短期大学教授）
監　事　堀　秀行（福岡県新社会推進部県民文化スポーツ課）
委　員　飯田昌生（元テレビ西日本・ＶＳＱプロデューサー）
池邉元明（福岡県教育庁総務部文化財保護課）
加藤哲也（株式会社財界九州社編集委員）
河村哲夫（福岡県文化団体連合会専務理事）
木下陽一（写真家）
嶋村初吉（西日本新聞社編集局）
専門調査員　竹川克幸（西日本新聞天神文化サークル講師）
事務局長　池田博昭（財団法人アクロス福岡事業部長）
事　務　局　坂本いより（財団法人アクロス福岡）
福浦直美（同右）

より詳しく知るための
参考文献案内

祭り・民俗芸能についての文献は，市販の解説書やガイドブックの他，自治体史誌類の民俗・文化編，各地の教育委員会が発行する無形文化財の報告書，各博物館・資料館の図録，祭りの保存団体が発行する冊子，写真集まで数多くあります。また，最近は祭りに関するホームページも充実しており，動画を公開しているものもあります。本書『福岡の祭り』をはじめ，これらの文献・ホームページで祭りについて学んだ後は，ぜひ実際に各地の祭りを見学してみてください。きっと，それまでとは違った側面が見え，より祭りを楽しむことができるはずです。ただ，祭りによっては開催日が変わったり，何年かに１度の開催であったり，参加・見学が制限されていたりするものもありますので，事前に各地の観光課や教育委員会にお問い合わせください。

主要参考文献

筑紫豊『日本の民俗40　福岡』第一法規出版，1974年
佐々木哲哉ほか『九州の歳時習俗』明玄書房，1975年
宮武省三『九州路の祭儀と民俗』（復刻版）西日本文化協会，1977年
福岡県教育庁管理部文化課編『福岡県の民俗芸能』福岡県教育委員会，1978年
福岡県商工部観光課編『ふるさと祭り歳時記』西日本新聞社，1978年
新井恒易『農と田遊びの研究』上・下，明治書院，1981年
佐々木哲哉「彦山の松会と祭礼絵巻」（五来重編『修験道の美術・芸能・文学Ⅱ』名著出版，1981年）
平井武夫編・筑紫豊校訂『福岡県民俗芸能』文献出版，1981年
三隅治雄編著『日本の祭り８　九州・沖縄』講談社，1982年
朝日新聞西部本社『九州の祭り200選』春夏篇・秋冬篇，葦書房，1983年
大島暁雄ほか編『図説民俗探訪事典』山川出版社，1983年
『まつりの旅ふくおか　福岡県夏の三大祭り』福岡県三大夏祭り推進協議会，1983年
井上精三『どんたく・山笠・放生会』葦書房，1984年
長野覺『英彦山修験道の歴史地理学的研究』名著出版，1987年
福岡県編『福岡県文化百選１　祭り・行事編』西日本新聞社，1988年
香月靖晴『遠賀川　流域の文化誌』海鳥社，1990年
『福岡県の民俗芸能　福岡県民俗芸能緊急調査報告』福岡県教育委員会，1992年
佐々木哲哉『福岡の民俗文化』九州大学出版会，1993年
高橋秀雄・渡辺良正編『都道府県別祭礼行事　福岡県』桜楓社，1993年
『FUKUOKA STYLE vol. 9　総力特集博

多祇園山笠』福博綜合印刷，1994年
管洋志写真集『博多祇園山笠』海鳥社，1995年
福岡県編『福岡県文化百選10　くらし編』西日本新聞社，1997年
松本廣責任編集『筑豊原色図鑑』筑豊千人会，1997年
『しあわせ博物館公式ガイドブック』福岡市博物館，1999年
飯塚山笠振興会三十周年記念実行委員会編『疾風　飯塚山笠史』飯塚山笠振興会，2001年
木下陽一写真集『九州遺産　21世紀に残したい故郷の原風景』西日本新聞社，2001年
真野俊和『日本の祭りを読み解く』吉川弘文館，2001年
福岡県教育文化振興財団民俗芸能等編集委員会編『ふくおかの民俗芸能』上・下，福岡県教育文化振興財団，2001・2002年
宇野正人監修『祭りと日本人』青春出版社，2002年
飯倉晴武編著『日本人のしきたり』青春出版社，2003年
波多野學『筑前神楽考　遠賀御殿神楽』渓水社，2003年
『祭りを旅する4　四国・九州・沖縄編』日之出出版，2003年
『2004博多祇園山笠　博多祇園山笠振興会創立50周年記念』西日本新聞社，2004年
橋本幸作『豊前国神楽考』海鳥社，2005年
『博多祇園山笠　伝統765年』博多祇園山笠振興会，2006年
福岡県立図書館郷土資料課編『京築地区神楽関係史料調査』福岡県立図書館，2006年
星野紘・芳賀日出男監修，全日本郷土芸能協会編『日本の祭り文化事典』東京書籍，2006年
八幡和郎・西村正裕『「日本の祭り」はここを見る』祥伝社新書，2006年
佐々木哲哉『野の記憶　人と暮らしの原像』弦書房，2007年
菅田正昭『日本の祭り　知れば知るほど』実業之日本社，2007年
『博学博多　ふくおか深発見』西日本新聞社，2007年
福岡県高等学校歴史研究会編『福岡県の歴史散歩』山川出版社，2008年
三浦竜『日本人の祭りと呪い』青春出版社，2008年
山口正博「『松会の成立』へ　中世彦山における儀礼群の集約」(『宗教研究』362，日本宗教学会，2009年)

祭りに関するホームページ

- アクロス福岡「ふくおか観光情報」
  http://www.acros.or.jp/r_culture/information.html
- 福岡県「ふくおか民俗芸能ライブラリー」
  http://www.fsg.pref.fukuoka.jp/e_mingei/index.asp
- 福岡県立アジア文化交流センター「西都太宰府　映像アーカイブス」
  http://www.kyuhaku-db.jp/dazaifu/archives/index.html
- 福岡県観光連盟「福岡県観光情報　クロスロード福岡」
  http://www.crossroadfukuoka.jp
- 福岡市博物館「聴耳図鑑」
  http://museum.city.fukuoka.jp/jg/html/backnumber/jg_fr3_kikimimi.htm

福岡県の祭り暦

[凡例]

- 県内の伝統的な祭り・民俗芸能のうち，本文で紹介したものや，国・県・各市町村指定の無形民俗文化財を中心に掲載しています。
- 国・県・各市町村指定の無形民俗文化財は，それぞれ「国」「県」「市」などと略記しています。
- 祭りの開催日は変更されることがあります。開催日や開催地の詳細については各地の文化財担当課または観光課にお問い合わせ下さい。

月日	名称	目安となる場所	指定
1月1日	岩丸神楽	築上郡築上町岩丸・葛城神社	
1月1日	漆生神楽	嘉麻市漆生・稲築八幡宮	
1月1日	今宿青木獅子舞	福岡市西区今宿・八雲神社	市
1月1日	稲童神楽	行橋市稲童・安浦神社	
1月1日	宇田川原豊年獅子舞	福岡市西区宇田川原・宇多神社	市
1月1日	位登八幡神社獅子舞	田川市位登・位登八幡神社	
1月1日	伊加利人形芝居	田川市伊加利・岩亀八幡宮	県
1月1日	大村神楽	豊前市大村・大富神社	県
1月2日	金隈の鳶の水	福岡市博多区金の隈	市
1月2日	新宮の玉せり	糟屋郡新宮町新宮・磯崎神社	
1月3日	今宿の玉せせり	福岡市西区今宿・二宮神社	
1月3日	弘の玉やれ	福岡市東区弘・恵比須神社	
1月3日	筥崎宮の玉せせり	福岡市東区箱崎・筥崎宮	
1月3日	姪浜の玉せせり	福岡市西区姪の浜・住吉神社	
1月3日	福間の玉せり	福津市西福間・福間漁港	
1月5日	熊野神社鬼の修正会	筑後市熊野・熊野神社	県
1月7日	うそ替え	太宰府市宰府・太宰府天満宮	
1月7日	鬼すべ	太宰府市宰府・太宰府天満宮	県
1月7日	大善寺玉垂宮の鬼夜	久留米市大善寺町・大善寺玉垂宮	国
1月8～11日	十日恵比須	福岡市博多区東公園・十日恵比須神社	
1月10日	伊崎の玉せせり	福岡市中央区伊崎・恵比須神社	
1月10日	脇之浦裸祭り	北九州市若松区小竹・恵比須神社	

1月第2日曜	臼かぶり	みやま市江浦町・淀姫神社	
成人の日	今津十一日まつり	福岡市西区今津	
1月14日	春日の婿押し	春日市春日・春日神社	国
1月14日	嫁ごの尻たたき	春日市小倉・住吉神社	
1月14日	トビトビ	福岡市西区石釜	市
1月14日	トヘトヘ	嘉穂郡桂川町土師	
1月15日，2月1日	油山正覚寺の粥占	福岡市城南区東油山・正覚寺	
1月15日，2月25日	粥占御試祭	みやま市江浦・江浦八幡神社	市
1月15日に近い日曜	水かぶり	大牟田市三池上町・弥剣神社	
1月15日に近い日曜	志賀海神社歩射祭	福岡市東区志賀島・志賀海神社	県
1月17日	柳島の十七夜	八女市柳島・観音堂	市
1月20日	幸若舞	みやま市瀬高町大江・大江天満宮	国
1月第4日曜	百手祭り（大飯食らい）	糸島市二丈淀川・淀川天神社	
旧暦元旦	和布刈神事	北九州市門司区門司・和布刈神社	県
2月1日	わら大人形祭	柳川市有明町・海童神社	
2月8日	裸ん行	大川市酒見・風浪宮	
2月9～10日	風浪宮例大祭	大川市酒見・風浪宮	
2月14日，3月1日	飯盛神社の粥占	福岡市西区飯盛・飯盛神社	県
2月15日，3月15日	筑紫神社の粥占	筑紫野市原田・筑紫神社	市
旧暦2月初午前の日曜	海津御田植祭	みやま市高田町海津・阿蘇神社	市
3月5日	厳島神社の百手祭り	豊前市八屋・厳島神社	
3月15日	権現さんの御田植	みやま市瀬高町長田・女山の日子神社	
3月15日	英彦山神宮御田祭	田川郡添田町英彦山・英彦山神宮	
3月15日	金村神社の田植祭	田川郡糸田町・金村神社	町
3月28日	杷木の泥打	朝倉市杷木穂坂・阿蘇神社	県
3月29日	求菩提山のお田植祭	豊前市求菩提・国玉神社	県
3月最終日曜	貫のお祓い	北九州市小倉南区貫・荘八幡神社	市
4月第1日曜	六嶽神楽	鞍手郡鞍手町室木・六嶽神社	町
4月11日	浮羽おくんち行列	うきは市浮羽町山北・賀茂神社	市
4月第2土・日曜	山内神楽	豊前市山内・嘯吹八幡神社	県
4月14日に近い日曜	太祖神楽	糟屋郡篠栗町若杉・太祖神社	県
4月15日	山ほめ祭	福岡市東区志賀島・志賀海神社	県

4月15日～5月1日	曽根の神幸行事(開作神事)	北九州市小倉南区曽根新田南・綿都美神社	市
4月15日頃（隔年）	宇美神楽	糟屋郡宇美町宇美・宇美八幡宮	県
4月17日に近い日曜	香椎宮奉納獅子楽	福岡市東区香椎・香椎宮	県
4月19日に近い日曜	松尾山のお田植祭り	築上郡上毛町	県
4月19日に近い日曜	撃鼓神社の神楽	飯塚市中・撃鼓神社	
4月第3日曜	植木三申踊り	直方市植木・日吉神社	県
4月第3日曜	等覚寺の松会	京都郡苅田町山口・白山多賀神社	国
4月25日前の金～日曜	黒田楽（鶏楽）	京都郡みやこ町勝山黒田・黒田神社	
4月26日	高祖神楽	糸島市高祖・高祖神社	県
4月26日	吉志の二十六夜	北九州市門司区吉志・天疫神社	
4月第4土・日曜	位登八幡神社獅子舞	田川市位登・位登八幡神社	
4月第4日曜	土師の獅子舞	嘉穂郡桂川町土師・老松神社	県
4月28日	上高屋神楽	京都郡みやこ町上高屋・橘八幡神社	
4月30日～5月1日	大富神社神幸祭(八屋祇園)	豊前市四郎丸・大富神社	県
4月30日～5月1日(隔年)	山田の感応楽	豊前市四郎丸・大富神社	県
4月最終土・日曜	古宮八幡神社神幸祭	田川郡香春町採銅所・古宮八幡神社	県
5月1日	岩丸神楽	築上郡築上町岩丸・葛城神社	
5月1日	小原神楽	築上郡築上町小原・小原正八幡宮	
5月2日	鐙畑神楽	京都郡みやこ町犀川鐙畑・大山祇神社	
5月2～3日	山王楽	京都郡みやこ町国分・豊津神社他	
5月3日	赤幡神楽	築上郡築上町赤幡・赤幡八幡神社	県
5月3日	津野神楽	田川郡添田町津野・下高木神社	
5月3日	光冨神楽	京都郡みやこ町光冨・徳矢神社	
5月3日	横瀬神楽	京都郡みやこ町犀川横瀬・若宮八幡神社	
5月3日	沼楽	北九州市小倉南区沼本町・沼八幡宮	県
5月3日	寒田神楽	築上郡築上町寒田・山霊神社	県
5月3～4日	博多松ばやし	福岡市博多区	県
5月3～4日	下検地楽	行橋市下検地・王野八幡神社他	県
5月3～4日	安武楽	築上郡築上町安武・満田神社	町
5月3～4日	川崎の杖楽	田川郡川崎町田原・正八幡神社	県
5月3～4日(5年ごと)	山ケ崎道中楽	鞍手郡鞍手町山ケ崎・八剣神社	町
5月3～5日	沖端水天宮舟舞台囃子	柳川市稲荷町・沖端水天宮	

5月3～5日	伝法寺神楽	築上郡築上町伝法寺・岩戸見神社	町
5月4日	上伊良原神楽	京都郡みやこ町犀川上伊良原・高木神社	
5月4日	下伊良原神楽	京都郡みやこ町犀川下伊良原・高木神社	
5月4～5日	万葉楽	京都郡みやこ町犀川上伊良原・高木神社	
5月4～5日	豊国楽	京都郡みやこ町犀川下伊良原・高木神社	
5月4～5日	椎原神楽	築上郡築上町椎原・貴船神社	
5月4～5日	大内田神楽	田川郡赤村大内田・大内田研修センター	村
5月4～5日	宇島祇園	豊前市宇島・宇島神社	市
5月5日	高塚楽	築上郡築上町高塚・綱敷天満宮	
5月5～6日	岩戸楽	築上郡築上町伝法寺・岩戸見神社	町
5月5～7日	水天宮春大祭	久留米市瀬下町・水天宮	
5月9日に近い日曜	道場寺神楽	行橋市道場寺・北山神社	
5月第2日曜までの3日間	生立八幡宮神幸祭	京都郡みやこ町犀川木山・生立八幡宮他	県
5月第2土・日曜	糸田祇園山笠	田川郡糸田町・金村神社	
5月第2日曜	福井神楽	糸島市二丈福井・白山神社	市
5月第3土・日曜	風治八幡宮川渡り神幸祭	田川市伊田・風治八幡宮他	県
5月第3土・日曜(隔年)	角田の豊前楽	豊前市中村・角田八幡神社	
5月21日	蓑島百手祭り	行橋市蓑島・蓑島神社	市
5月第4土・日曜	春日神社岩戸神楽	田川市宮尾町・春日神社	県
6月1～2日	川渡祭（へこかき）	久留米市御井町・高良大社	
6月13日	八坂神社の祭礼「風流」	みやま市瀬高町小田・八坂神社	町
旧暦6月15日に近い日曜	清楽茶屋素盞嗚神社獅子舞	八女郡広川町日吉・素盞嗚神社	町
7月上旬	岩崎の子ども川まつり	八女市岩崎	市
7月上旬	矢倉八幡宮の獅子舞	久留米市田主丸町	
7月1～15日	博多祇園山笠	福岡市博多区・櫛田神社	国
7月第1土・日曜	深江の川祭り	糸島市二丈深江	
7月第1日曜	南良津獅子舞	鞍手郡小竹町南良津・南良津神社	
7月10～15日	飯塚祇園山笠	飯塚市本町他	
7月11，14～15日	こっぱげ面	八女市星野村長尾・三坂・室山	
7月12日に近い土・日曜	木屋瀬祇園	北九州市八幡西区木屋瀬・須賀神社	
7月13～14日	須佐能袁神社御神幸祭	久留米市草野町・須佐能袁神社	市
7月第2土曜	田島神楽	福岡市城南区田島	市

7月第2土曜	畑祇園	北九州市八幡西区畑・須賀神社，尺岳神社	
7月14日	東黒山の祇園山笠	遠賀郡岡垣町東黒山	町
7月14日	岩戸神楽	筑紫郡那珂川町山田・伏見神社	県
7月14～15日	元岡八坂神社祇園祭り	福岡市西区元岡・八坂神社	市
7月14～15日	元岡祇園ばやし	福岡市西区元岡・八坂神社	市
7月14～15日	元岡獅子舞	福岡市西区元岡・八坂神社	市
7月15日	小呂島祇園山笠	福岡市西区小呂島	
7月15日	石かたげ神事	宗像市須恵・福足神社	
7月15日	山田祇園祭の獅子舞	嘉麻市上山田・射手引神社	
7月15日～8月3日	今井祇園	行橋市元永・須佐神社	県
7月中旬	津屋崎祇園山笠	福津市津屋崎・波折神社	
7月中旬	岡湊神社の山笠	遠賀郡芦屋町船頭町・岡湊神社	町
7月中～下旬	渡瀬祇園	みやま市高田町下楠田	
7月17～18日	吉井祇園・吉井祇園はやし	うきは市吉井町	町
7月18～23日	黒崎祇園	北九州市八幡西区黒崎	県
7月第3月曜までの3日間	前田祇園	北九州市八幡東区前田	市
7月第3土曜を挟む3日間	小倉祇園太鼓	北九州市小倉北区・南区	県
7月第3土曜	江浦町祇園	みやま市高田町江浦町	
7月21日	大島祇園山笠	宗像市大島・須賀神社	
7月24日	漆生神楽	嘉麻市漆生・稲築八幡宮	
7月24～25日	大人形と大提灯	みやま市瀬高町上庄・八坂神社	
7月24日に近い日曜	上須恵祇園山笠	糟屋郡須恵町上須恵・須賀神社	町
7月25日	高塚楽	築上郡築上町高塚・綱敷天満宮	
7月第4土曜を挟む3日間	戸畑祇園大山笠	北九州市戸畑区	国
7月第4土曜	中島祇園祭り	柳川市大和町中島	
7月第4土・日曜	大蛇山	大牟田市内	
7月29日	日吉神社お神楽	嘉麻市上碓井・日吉神社	
7月末	増永祇園神社丁切	八女郡広川町川上	町
8月上旬（4年ごと）	放生会・細男舞・神相撲	築上郡吉富町小犬丸・八幡古表神社	国
8月6～7日	乾衣祭	築上郡吉富町小犬丸・八幡古表神社	町
8月第1日曜	上境の柱松	直方市上境・霊府神社	
8月8，13日	ひよひよ	田川郡添田町上中元寺	

8月13日	口原の盆踊り（浦島）	飯塚市口原	
8月13日	脇田口説き	宮若市脇田	
8月13～14日	香春盆踊り	田川郡香春町香春	町
8月13～14日	野面の盆踊り	北九州市八幡西区野面	市
8月13～14日	提扶利踊り	鞍手郡小竹町	
8月13～14日	傘踊り	田川郡川崎町米田	
8月13～15日	木屋瀬盆踊り	北九州市八幡西区木屋瀬	県
8月13,14,16,17,20,24日	天籟寺の盆踊り	北九州市戸畑区天籟寺・夜宮公園他	市
8月14日	英彦山踊り	田川郡添田町英彦山・英彦山神宮	町
8月14日	久富の盆綱引き	筑後市久富	県
8月14日	直方日若踊り	直方市直方	県
8月14日	植木三申踊り	直方市植木・日吉神社	県
8月14日	永谷万年願盆綱引き	鞍手郡鞍手町永谷	町
8月14日	畑の柱松	直方市畑	
8月14～15日	吉木思案橋踊り	遠賀郡岡垣町吉木・中央公民館他	町
8月14～15日	城の原の盆踊り	福岡市西区上山門	市
8月14～15，19日	神湊盆踊り	宗像市神湊・隣船寺	市
8月14～15，24日	藍島の盆踊り	北九州市小倉北区藍島・藍島渡船場	市
8月14～24日	鐘崎盆踊り	宗像市鐘崎	県
8月15日	大入のかずら引き	糸島市二丈福井	
8月15日	はねそ	遠賀郡芦屋町内	県
8月15日	番所踊り	築上郡吉富町喜連島高浜	町
8月15日	小倉の盆綱引き	春日市小倉	
8月15日	田隈の盆押し・盆綱引き	福岡市早良区野芥	市
8月15日	草場の盆綱引き	福岡市西区草場	市
8月15日	下臼井西盆綱	嘉麻市下臼井	町
8月15日	須恵の盆綱引き	糟屋郡須恵町須恵	
8月16日	能行の盆踊り	北九州市小倉南区・長行西二丁目公園	市
8月16日	西浦のかずら引き	福岡市西区西浦	市
8月16日	お施餓鬼	飯塚市天道・円満寺	
8月16～17日	志賀島の盆踊り	福岡市東区志賀島	市
8月17日	宇田川原豊年獅子舞	福岡市西区宇田川原	市

8月17日	崩道の祇園	柳川市南浜武・観音堂	
8月18日	高木神社夜神楽	朝倉郡東峰村小石原・高木神社	
8月18日	一貴山盆踊り	糸島市二丈石崎・一貴山小学校	
8月23日	中益の万年願相撲	嘉麻市中益	
8月23〜24日	飢え人地蔵祭り	福岡市博多区中洲・飢え人地蔵	
8月24日	前田の盆踊り	北九州市八幡東区祇園・前田観音堂	市
8月24〜26日	大浜流灌頂	福岡市博多区大博町他	
8月25日	千灯明	筑後市水田・水田天満宮	県
9月1〜2日	芦屋の八朔行事	遠賀郡芦屋町内	県
9月第1日曜	今津人形芝居	福岡市西区今津・登志宮	県
9月12〜14日（隔年）	筥崎宮神幸祭	福岡市東区箱崎・筥崎宮	市
9月13日	雁金納め	嘉麻市芥田	
9月15日	合馬神楽	北九州市小倉南区合馬・天疫神社	市
9月15日	動乱蜂	久留米市山川町・王子若宮八幡宮	県
9月15〜16日（隔年）	若宮八幡宮御神幸祭	久留米市草野町・若宮八幡宮	市
9月15日に近い日曜	平山獅子舞	嘉麻市平山・平山八幡宮	市
9月中旬	平八月祭り	宮若市平	県
9月18日に近い日曜	風流・はんや舞	八女市星野村・麻生神社	県
9月21〜25日	太宰府天満宮神幸式大祭	太宰府市宰府・太宰府天満宮	県
9月22〜23日	土師の獅子舞	嘉穂郡桂川町土師・老松神社	県
9月22〜23日	手鎌綿積神社奉納神楽	大牟田市手鎌・手鎌綿積神社	
9月23日	竹の曲	太宰府市宰府・太宰府天満宮	県
秋分の日とその前日	山野の楽	嘉麻市山野・若八幡神社	県
秋分の日を含む3日間	八女福島の灯籠人形	八女市本町・福島八幡宮	国
9月24日（4年ごと）	筑前植木岡分流大名行列	直方市植木・植木天満宮	市
9月25日	岡天満宮祭礼行事	大牟田市岩本・岡天満宮	市
9月25日	宮永万年願踊り	宮若市宮永	
9月第4土・日曜	大分の獅子舞	飯塚市大分・大分八幡宮	県
9月下旬（3年ごと）	田主丸の虫追い祭り	久留米市田主丸町田主丸	
9月下旬	稲童神楽	行橋市稲童・安浦神社	
10月上旬	柳瀬おくんち獅子舞	久留米市田主丸町・玉垂宮	市
10月上旬（隔年）	若宮八幡宮神幸祭大名行列	宮若市水原・若宮八幡宮	市

10月１～２日	鐙畑神楽	京都郡みやこ町犀川鐙畑・大山祇神社	
10月１～３日	みあれ祭	宗像市大島	
10月第１日曜	苅田山笠	京都郡苅田町馬場・宇原神社	県
10月８日	赤幡神楽	築上郡築上町赤幡・赤幡八幡神社	県
10月８日	公卿唄	八女市矢部村北矢部・大杣公園	村
10月８日	横代神楽	北九州市小倉南区横代南町・高倉八幡神社	県
10月９日	光冨神楽	京都郡みやこ町光冨・徳矢神社	
10月９日	小原神楽	築上郡築上町小原・小原正八幡宮	
10月９日	飯盛神社流鏑馬行事	福岡市西区飯盛・飯盛神社	市
10月９～10日	能古島白髭神社おくんち	福岡市西区能古・白髭神社	市
10月10日	竹飯八幡宮放生会奉納花火	みやま市高田町竹飯・竹飯八幡宮	市
10月10日	高良山獅子舞	久留米市御井町・高良大社	市
10月10日	御井町風流	久留米市御井町・高良大社	市
10月10日	竹飯稚児風流	みやま市高田町竹飯・竹飯八幡宮	市
10月10日	日子山神社風流	柳川市古賀・日子山神社他	県
10月10～11日	伝法寺神楽	築上郡築上町伝法寺・岩戸見神社	町
10月12～13日	八所宮御神幸祭	宗像市吉留・八所宮	
10月13日	土屋神楽	築上郡吉富町土屋・壺神社	町
10月13日	山内神楽	豊前市山内・嘯吹八幡神社	県
10月13日	献水神事と水占い	築上郡吉富町土屋・壺神社	町
10月13日に近い土,日曜(隔年)	綱分八幡宮放生会御神幸祭	飯塚市綱分・綱分八幡宮他	県
10月第２金～日曜	直方日若踊り	直方市直方・多賀神社	県
10月第２土曜前後	どろつくどん	柳川市本船津町・三柱神社他	県
10月第２日曜（隔年）	志賀海神社神幸祭	福岡市東区志賀島・志賀海神社	県
10月第２日曜	藤吉風流	柳川市三橋町藤吉・藤吉風浪宮	市
10月第２日曜	下小川風流	みやま市瀬高町太神・下小川八幡神社	市
10月第２日曜	獅子舞・三番叟・杖楽	飯塚市津原・老松神社	
10月第２日・月曜	今古賀風流	柳川市三橋町今古賀・三島神社	県
10月14日	楠原踊り	北九州市門司区旧門司・甲宗八幡神社	市
10月15日	恵蘇八幡宮神幸祭	朝倉市恵蘇・恵蘇八幡宮	市
10月15日	宇美神楽	糟屋郡宇美町宇美・宇美八幡宮	県
10月中旬	櫟原神楽	築上郡築上町櫟原・岩戸見神社	町

10月16日	太祖神楽	糟屋郡篠栗町若杉・太祖神社	県
10月16〜17日（4年ごと）	剣神社遷宮行列	鞍手郡鞍手町木月・剣神社	町
10月16〜17日	早馬	小郡市乙隈・天満神社	
10月17日	岩屋神楽	豊前市岩屋・七社神社	県
10月17日	山家岩戸神楽	筑紫野市山家・山家宝満宮	市
10月17日	宝満神社奉納能楽（新開能）	みやま市高田町北新開・宝満神社	県
10月17〜18日	若宮おくんち	うきは市吉井町若宮・若宮八幡宮	市
10月17，19日	土橋八幡宮神幸行事	八女市本町・土橋八幡宮	市
10月17日に近い日曜	香椎宮奉納獅子楽	福岡市東区香椎・香椎宮	県
10月17日前後の日曜	加布里山笠	糸島市加布里・加布里天満宮	市
10月19日	大村神楽	豊前市大村・今比羅社	県
10月19日	日吉神社お神楽	嘉麻市上碓井・日吉神社	
10月19日に近い日曜	撃鼓神社の神楽	飯塚市中・撃鼓神社	
10月19日に近い日曜	北野天満神社御神幸行事	久留米市北野町・北野天満神社他	県
10月第3土曜	黒土神楽	豊前市久路土・石清水八幡神社	県
10月第3土曜（3年ごと）	多賀神社神幸行事	直方市直方・多賀神社	県
10月第3土・日曜	寒田神楽	築上郡築上町寒田・山霊神社	県
10月第3土・日曜	金田稲荷神社囃子･獅子舞	田川郡福智町金田・金田稲荷神社	町
10月第3日曜	鷹尾神社の風流（破牟耶舞）	柳川市大和町・鷹尾神社	
10月第3日曜	成恒神楽	築上郡上毛町成恒・吉富神社	
10月第3日曜	甘木盆俄	朝倉市甘木・朝倉市総合市民センター	市
10月21日	八剣神社湯立神楽	鞍手郡鞍手町中山・八剣神社	町
10月21日	蜷城の獅子舞	朝倉市林田・美奈宜神社	県
10月22日	美奈宜神社御神幸行列	朝倉市三奈木・美奈宜神社	市
10月25日	稚児風流	筑後市水田・水田天満宮他	県
10月25日	高祖神楽	糸島市高祖・高祖神社	県
10月第4日曜	葛原新町楽	北九州市小倉南区葛原・葛原八幡神社	市
10月29日	道場寺神楽	行橋市道場寺・北山神社	
10月29日	黒川高木神社の宮座	朝倉市黒川・高木神社	県
10月最終土曜	春日神社岩戸神楽	田川市宮尾町・春日神社	県
10月最終日曜	福井神社の宮座	朝倉郡東峰村福井・福井神社	県
10〜12月	筑前御殿神楽	遠賀郡芦屋町柏原・狩尾神社他	

11月上旬	亥の子	田川郡川崎町永井	
11月3日	大積神楽	北九州市門司区大積・天疫神社	
11月3日	どんきゃんきゃん	みやま市瀬高町文広・廣田八幡宮他	県
11月3日	旭座人形芝居	八女市黒木町笠原・旭座人形芝居会館	県
11月第1もしくは第2日曜	王城神社の宮座	太宰府市通古賀・王城神社	
11月8，26日	友枝神楽	築上郡上毛町東上・八社神社	
11月15日	山ほめ祭	福岡市東区志賀島・志賀海神社	県
11月15日（5年ごと）	八女津媛神社の浮立	八女市矢部村北矢部・八女津媛神社他	県
11月中旬	早馬舞	小郡市横隈・隼鷹神社	市
11月19～20日	はやま行事	福岡市東区奈多・志式神社	県
11月25日	山人走り	豊前市山内・嘯吹八幡神社	
11月第4日曜	中村神楽	豊前市中村・角田八幡神社	県
11月下旬	唐原神楽	築上郡上毛町下唐原・貴船神社	
12月2日	恵比須祭り(冬のおえべっさん)	北九州市若松区・恵比須神社	
12月2日	おしろい祭り	朝倉市杷木大山・大山祇神社	
12月2～3日	夫婦恵比須大祭	福岡市博多区上川端町・櫛田神社	
12月3日に近い日曜	子供えびす祭り	北九州市八幡西区木屋瀬・須賀神社	
12月第1土曜	三毛門神楽	豊前市三毛門・春日神社	県
12月第1日曜	円座餅搗	築上郡築上町下香楽・清地神社	県
12月7日	三春天満宮火鑽神事	うきは市浮羽町三春・三春天満宮	市
12月8日	田代の風流	八女市黒木町田代・八龍神社他	県
12月13日	きせる祭り	筑後市溝口・竈門神社	
12月14～15日	八丁島の御供納	久留米市宮ノ陣町八丁島	市
12月15日	しびきせ祭り	北九州市小倉南区隠蓑・隠蓑庵	
12月17～18日	白糸の寒みそぎ	糸島市白糸・熊野神社	
[不定期]	道原楽	北九州市小倉南区道原・旧道原小学校	県